Méthode et aspects formels de la recherche

Petit manuel à l'usage des juristes

Gaëtan Marain

Méthode et aspects formels de la recherche

Petit manuel à l'usage des juristes

2e édition

L'Harmattan

Du même auteur

La juridicisation de la responsabilité sociétale des entreprises, préf. PASQUALINI (Fr.), PUAM, 2016.

1re édition, © L'Harmattan, 2015

5-7, rue de l'Ecole-Polytechnique, 75005 Paris

http://www.editions-harmattan.fr

ISBN : 978-2-343-12682-1
EAN : 9782343126821

SOMMAIRE

INTRODUCTION[1]

1. Objectif de la thèse. La thèse de doctorat doit être « la démonstration d'une idée générale qui rend compte du concept, de la règle de droit ou de l'institution juridique qui forment le sujet de la thèse[2]. » Il s'agit pour le chercheur de dégager un fil rouge, une clé de compréhension du matériel minutieusement réuni par lui. À partir de matériaux existants — qu'il doit collecter —, l'étudiant va faire œuvre de création intellectuelle en proposant une idée nouvelle. Cette idée générale doit embrasser l'ensemble des questions identifiées au fur et à mesure des travaux.

2. La doctrine juridique. La théorie est « un mode d'explication des phénomènes[3]. » Elle vise à rendre compte d'un phénomène juridique et le sortir des affres de la casuistique afin de le rendre intelligible. Systématiser les solutions particulières et dégager les catégories utiles sont autant de missions que, tel

---

[1] À titre liminaire, nous souhaiterions d'abord remercier Pierre LEQUET pour son minutieux travail de relecture. Ensuite, nos remerciements vont au Pr Boris BARRAUD pour avoir relevé l'abus de langage du titre de la première édition de cet ouvrage. En effet, nous évoquions la *méthodologie* de la recherche alors qu'il s'agit, à proprement parler, d'une *méthode* de recherche. Sur ce point, cf. BARRAUD (B.), *La recherche juridique. Sciences et pensées du droit*, éd. L'Harmattan, 2016, p. 168 : tandis que la méthode propose un ensemble de moyens pour parvenir à un résultat, la méthodologie est un discours sur la méthode.

[2] GASSIN (R.), « Une méthodologie de la thèse de doctorat en droit », *RRJ* 1996-4, p. 1169.

[3] CONSTANT (A.-S.) et LÉVY (A.), *Réussir mémoire, thèse et HDR*, 5e éd., Gualino, 2015, p. 32.

Sisyphe, la doctrine s'assigne dans le but de doter le Droit une certaine prévisibilité qui n'est pas étrangère à l'idée de sécurité juridique. On compare parfois les auteurs de la doctrine à des faiseurs de systèmes[4]. La théorie générale se présente ainsi comme l'exercice ultime de l'œuvre doctrinale[5]. L'auteur d'une thèse s'inscrit indubitablement dans ce sillage et, à l'aide de la dogmatique, il tente d'éclairer le droit.

3. La thèse est un chef d'œuvre, mais pas l'œuvre d'une vie. Elle peut s'appréhender comme un compagnonnage au terme duquel l'apprenti devient compagnon du devoir. Sa formation s'achève par la réalisation d'un chef d'œuvre grâce auquel il démontre à ses pairs qu'il mérite d'être l'un des leurs. Le directeur de thèse se présente ainsi comme un tuteur qui accompagne son étudiant jusqu'à la soutenance où il présentera le fruit de son travail devant ses futurs collègues. La thèse compte parmi les premiers travaux scientifiques d'envergure, elle achève la formation à la recherche. Une fois docteur en droit, le chercheur doit être capable d'aborder n'importe quel thème de recherche juridique.

4. Responsabilité de l'auteur. Un point important doit être retenu : le doctorant est le seul signataire de sa thèse. Ceux qui le conseillent ne sont pas ceux qui en assumeront les conséquences. Il faut garder à l'esprit que l'auteur est le seul responsable de son œuvre et qu'en cas d'erreur, il ne pourra pas se dédouaner en accusant telle ou telle éminence grise. Le doctorant ne doit pas prendre pour argent comptant

---

[4] RIVERO (J.), « Apologie pour les "faiseurs de systèmes" », *D.* 1951, chron. XXIII, p. 99.

[5] JESTAZ (Ph.) et JAMIN (Chr.), *La doctrine*, Dalloz, 2004.

tous les conseils qu'on lui donne (et il en recevra beaucoup, certains sollicités, d'autres non). En toute circonstance, il faut conserver un esprit critique.

5. Principes à garder en tête. Quelques principes directeurs dégagés par d'autres auteurs méritent d'être rappelés[6] :

- la thèse réussie est celle qui est soutenue ;
- le statut de thésard n'est pas permanent ;
- il faut penser à l'après-thèse ;
- le travail quotidien du doctorant ne consiste pas à s'installer à une terrasse de café et à penser dans le vide.

6. But de l'ouvrage. Cet opuscule a pour objectif de fournir au doctorant et à l'étudiant en master de recherche des conseils pratiques de recherche et de rédaction. Si l'avancée des recherches suit parfois des mouvements erratiques — les périodes lumineuses d'intense inventivité laissant place à des périodes de stérilité intellectuelle —, l'organisation du travail ne devra, en revanche, souffrir aucune approximation. Chaque phase du travail de recherche comporte des étapes qu'il convient de franchir avec rigueur. Le plan qui nous a paru le plus logique, à défaut d'être original, est chronologique. L'organisation du travail de recherche s'articule autour de la rédaction. L'avant, le pendant et l'après-rédaction seront ainsi distingués et étudiés dans trois parties distinctes :

---

[6] ROMELAER (P.) et KALIKA (M.), *Comment réussir sa thèse ? La conduite du projet de doctorat*, éd. DUNOD, 2007, p. 16.

Chapitre I :

Avant la rédaction

Chapitre II :

Pendant la rédaction

Chapitre III :

Après la rédaction

CHAPITRE I : AVANT LA RÉDACTION

7. Avant de jeter sur une feuille les premières lignes de sa thèse, le doctorant doit suivre un long processus de recherche. Schématiquement, celui-ci consiste à répondre à deux questions : quoi chercher et comment chercher ? La détermination de l'objet de recherche **(section I)** précède l'identification **(section II)** puis la collecte des sources **(section III)** et, enfin, leur traitement **(section IV)**.

Section I : Détermination de l'objet de la recherche

8. Entreprendre un mémoire ou une thèse impose de déterminer un *thème* de recherche **(paragraphe 1)**, puis de l'affiner afin qu'il devienne un véritable *sujet* de recherche **(paragraphe 2)**. Cette délimitation du sujet est le fruit d'un travail de collaboration avec le directeur de recherche qui joue alors un rôle central **(paragraphe 3)**.

Paragraphe 1 : Choix du thème

9. Première intuition du thème. Le thème est généralement ce que choisit en premier le futur doctorant. Pendant son année de Master II il a des intuitions sur un thème à partir desquelles il se projette dans le travail de recherche. La détermination de ce thème doit répondre à deux considérations tenant, d'une part, à ses appétences ainsi que ses capacités et, d'autre part, à son accès aux sources utiles pour le traiter efficacement.

10. Le bagage du chercheur. En premier lieu, au terme du cursus de master II, chaque étudiant s'est nécessairement spécialisé dans certains domaines du droit. À ce stade, le juriste est déjà travailliste, affairiste, publiciste, bref, il a des matières de prédilection. Évidemment, il est toujours possible d'aborder un thème totalement étranger à ses compétences initiales, mais c'est une difficulté supplémentaire, car l'étudiant devra alors se « mettre à niveau » dans une discipline qui ne lui est pas familière. Cependant, même dans les thèmes *a priori* chers et connus du juriste, le doctorant doit s'attendre à explorer des branches du droit qui lui sont étrangères. Il est rare de traiter un sujet sans retourner au droit commun, ouvrir sur le droit comparé ou investir les branches du droit social ou du droit fiscal. Leur (re)découverte fait partie de ces aventures auxquelles le chercheur en herbe doit s'attendre.

11. Vérification de l'accès aux sources. En second lieu, le doctorant doit s'assurer d'avoir accès et d'obtenir les références bibliographiques utiles au traitement de son thème. Par exemple, avant d'aborder une thèse éminemment pratique relative à la stipulation de nouvelles clauses dans des contrats de telle ou telle catégorie professionnelle, l'étudiant doit être sûr qu'il pourra accéder et consulter ces actes au cours de ses recherches. Esseulé dans une bibliothèque, le doctorant ne peut efficacement appréhender ce qui fait l'actualité des praticiens. Il risquerait en effet de compulser les documents datés et de produire un travail obsolète. Cela ne signifie pas pour autant qu'il doive y renoncer. Il faut simplement vérifier l'accès à la documentation utile (stage, réseau, convention CIFRE, etc.). Un autre exemple est celui des thèmes de droit comparé qui impliquent de lire de nombreux documents en langue étrangère. Obtenir ces références est parfois difficile depuis les bibliothèques françaises. Un voyage d'études est alors à envisager ainsi que ses modalités de financement. Au risque d'insister, rappelons que ces difficultés ne constituent pas nécessairement un obstacle infranchissable. Simplement, le doctorant doit en avoir conscience et, surtout, les anticiper afin d'éviter qu'elles se transforment en déboires.

Paragraphe 2 : Choix du sujet

12. Un thème initial résolument trop large. Le thésard a naturellement tendance à choisir initialement un thème d'investigation très (trop) large. Craignant de manquer de matière, il choisit délibérément un libellé aux contours flous et aux arborescences multiples. Cette étendue a quelque chose de rassurant au début, car elle garantit un foisonnement de questionnements et de ressources. L'angoisse de la feuille blanche serait ainsi, pense-t-il à tort, à jamais conjurée. Cette stratégie résulte en fait d'une méconnaissance de l'objet de recherche. Dès qu'il aura réuni un premier lot de documents, l'étudiant s'apercevra rapidement que son approche est résolument trop large et que le lien logique entre ses divers objets de recherche est ténu, voire inexistant.

13. Du thème au sujet. Le thème doit alors être réduit afin de mieux cerner le sujet de la thèse. Dans cette étape cruciale, le directeur de recherche joue un rôle prépondérant. Grâce à son expérience, il va immédiatement déterminer si l'intitulé annoncé par l'étudiant est encore un thème ou s'il constitue déjà un véritable sujet. Lors de ces discussions, l'étudiant doit faire preuve de la plus grande transparence. Il ne s'agit pas d'amadouer son directeur par des sophismes, mais de le convaincre de la pertinence du sujet et de sa cohérence à l'aide d'un solide argumentaire scientifique. Les lacunes, les risques de redites ne doivent pas être camouflés en espérant que le directeur donne *quitus*. Bien au contraire, l'étudiant doit mettre en évidence les éléments qu'il a réunis, leur articulation ou leurs contradictions. Devant ces difficultés exposées, le directeur sera plus à même de dire quels sont les rameaux qui doivent être assemblés dans un bouquet constituant le sujet définitif et quels sont ceux qui — trop en périphérie du sujet — doivent être délaissés. Un thème réunit plusieurs sujets possibles que l'étudiant tente souvent d'accommoder[7], mais qui trop embrasse mal étreint.

14. Vérification de la disponibilité du sujet. Vient enfin la question de la disponibilité du sujet envisagé. Avant de se lancer dans des recherches approfondies, il convient de déterminer si le sujet considéré est disponible, c'est-à-dire si un précédent ouvrage n'a pas déjà épuisé la question. Il faut aussi savoir si un autre doctorant ne planche pas déjà sur la question depuis plusieurs années. Le site Internet these.fr permet d'observer si d'autres doctorants travaillent déjà sur un sujet proche ou similaire. Il faut se garder du risque de voir un autre étudiant soutenir sa thèse quelque temps avant la vôtre, ce qui vous obligerait — alors même que vous alliez peut-être porter le point final à votre rédaction —, à tout reconsidérer. En effet, une thèse portant sur le même sujet ne peut être sans influence sur votre étude et ne saurait être ignorée par manque de temps. Deux liens seront particulièrement utiles au doctorant dans cette étape :

---

[7] CAPITANT (H.), *La thèse de doctorat en droit*, 4e éd., Dalloz, 1951, p. 18 : « D'une manière générale, il vaut mieux prendre un sujet peu étendu et le traiter à fond plutôt que d'aborder une vaste matière que l'on se bornera à examiner superficiellement. Les questions qui paraissent au premier abord très limitées prennent, lorsqu'on les étudie de près, une extension insoupçonnée. On leur découvre des ramifications nombreuses qui fournissent un champ bien plus ample qu'on ne le supposait au début. »

- celui du fichier central des thèses qui réunit l'ensemble des thèses en préparation : http://www.theses.fr/
- celui du catalogue des thèses soutenues : http://www.sudoc.abes.fr/

Paragraphe 3 : Choix du directeur de recherche

15. Rencontre du directeur de recherche. Les masters de recherche permettent aux étudiants de se familiariser avec le travail de recherche puis la rédaction d'un tapuscrit conséquent. Cette année consacrée à la rédaction d'un mémoire est une bonne antichambre de la thèse. Des cours de méthodologie sont généralement dispensés à l'étudiant qui se familiarise avec un domaine du droit particulier. Au gré des discussions avec son directeur de mémoire et ses professeurs, il identifie généralement un enseignant qu'il aimerait voir devenir son directeur de thèse. Indéniablement, la rédaction d'un mémoire de recherche en Master est un plus pour qui souhaite se lancer dans l'aventure de la thèse.

16. Qualités attendues d'un directeur de recherche. Le directeur de recherche doit avant tout être disponible pour son étudiant et compétent dans le domaine de recherche considéré. Gardez à l'esprit qu'il s'agit d'un compagnonnage. Vous ne pouvez donc vous satisfaire d'un directeur totalement absent et donc dans l'incapacité de vous aiguiller. La stratégie consistant à solliciter un directeur de renom, mais qui encadre déjà des dizaines de doctorants, peut s'avérer contre-productive à long terme. Un lien de confiance doit unir le formateur et l'apprenant. Il est donc avisé de choisir une personne avec laquelle vous avez déjà travaillé (de préférence un ancien professeur ou directeur de mémoire). En principe, le doctorant et son directeur marquent leur accord par la signature de la charte des thèses[8]. Cependant, il semble que l'apposition de leurs seings sur ce document n'ait pas pour effet de conférer une valeur contractuelle[9].

17. Opportunité de la cotutelle. Parfois, l'étudiant choisit un sujet à cheval entre deux grands domaines du droit. Dans ce cas, il peut être judicieux de solliciter un second directeur de thèse compétent dans l'autre domaine. On songe notamment aux sujets de droit comparé. Le recours à la cotutelle peut alors s'avérer nécessaire et fructueux. Il faut toutefois s'assurer que la concorde règne entre vos directeurs. De votre côté, vous tâcherez de ne jamais les mettre en situation de porte à faux. C'est un art de la diplomatie auquel vous devrez rapidement vous familiariser.

---

[8] Arrêté du 3 sept. 1998 relatif à la charte des thèses, *JORF*, 11 sept. 1998, p. 13867.

[9] CAA Paris, 4 juill. 2006, n° 01PA01939, inédit : « Mlle X ne peut utilement invoquer la charte des thèses qui n'a ni pour objet ni pour effet d'établir une relation contractuelle entre l'université et le doctorant. »

Section II : Identification de la documentation

18. Une fois l'objet de recherche délimité, il faut trouver puis analyser la documentation nécessaire à sa compréhension. Parmi les sources utiles au juriste, on signale traditionnellement les monographies **(paragraphe 1)**, les articles **(paragraphe 2)**, la jurisprudence **(paragraphe 3)** et, enfin, la règlementation **(paragraphe 4)**. Une courte description de ces sources sera chaque fois suivie de la façon de noter leur référence exacte.

Paragraphe 1 : Monographies

19. Les monographies sont des études exhaustives et précises sur un sujet donné. Les thèses **(A)**, les ouvrages **(B)**, les encyclopédies **(C)**, les rapports **(D)** et les dictionnaires **(E)** en sont autant d'illustrations.

A) Les thèses

20. On distingue les thèses publiées de celles qui ne le sont pas. Tandis que les premières sont généralement disponibles dans les bibliothèques de droit, les secondes sont plus confidentielles et d'accès moins aisé. Les thèses non publiées peuvent être consultées selon trois modalités. D'abord, sous forme électronique directement sur Internet lorsque leur auteur a autorisé cette diffusion. Le lecteur dispose alors d'une version *in extenso* de la thèse au format PDF. Généralement, c'est l'université de soutenance du docteur qui héberge la thèse sur son propre site Internet. La thèse peut ensuite exister sous forme de microfiche, c'est-à-dire des fiches plastifiées dont la lecture suppose un lecteur spécifique dont disposent certaines bibliothèques universitaires. Cette forme de stockage donne lieu à une lecture particulièrement fastidieuse et les possibilités d'impression sont pour le moins limitées. Reste, enfin, la possibilité d'emprunter les thèses par l'intermédiaire du service de prêt entre bibliothèques (PEB). Avant leur soutenance, tous les docteurs doivent laisser à la bibliothèque de leur université de rattachement une version imprimée de leur thèse. Par conséquent, il existe au moins un support papier de toute thèse, aussi confidentielle soit-elle. Grâce au service du prêt entre bibliothèques, le doctorant peut directement se faire livrer l'ouvrage convoité moyennant le paiement des frais de transport. L'option du PEB ne doit pas être négligée. Si le titre d'une thèse citée au détour d'une note de bas de page suggère un travail incontournable pour vos recherches, vous ne devez pas hésiter à vous la procurer par cette voie. Ces thèses dont il n'existe qu'un seul exemplaire papier dans leur université de soutenance sont rarement lues et pourraient donc contenir un gisement d'informations peu exploité par la doctrine. Outre les thèses non publiées, le service du PEB permet d'obtenir des ouvrages rares.

21. On ne saurait trop insister sur la nécessité pour le doctorant de consulter des thèses. Trois raisons nous incitent à prodiguer ce conseil. En premier lieu, c'est un exercice auquel le thésard doit lui-même se prêter. Il est donc utile de s'imprégner du style propre à la thèse en en lisant beaucoup. En deuxième lieu, la thèse est un travail académique abouti et précis. Le doctorant y trouvera donc une information de première main, minutieusement vérifiée et analysée. La clarté d'un plan de thèse ainsi qu'un index bien fait permettent de trouver rapidement l'information utile au milieu des centaines de pages composant l'ouvrage. Évidemment, il ne s'agit pas de lire de façon linéaire l'ensemble des thèses empruntées. Il faut savoir y sélectionner les données pertinentes. En troisième lieu, les thèses présentent généralement une bibliographie conséquente où le doctorant pourra trouver de précieuses références. Bref, il faut lire des thèses.

22. Manière de noter la référence d'une thèse :

Pour les thèses publiées :

GATSI (J.), *Le contrat-cadre*, préf. BEHAR-TOUCHAIS (M.), LGDJ, 1996.

BOUSTANI (D.), *Les créanciers postérieurs d'une procédure collective confrontés aux enjeux du droit des entreprises en difficulté*, préf. LE CORRE (P.-M.), LGDJ, 2015.

Pour les thèses non publiées :

DUCHANGE (Gr.), *Le concept d'entreprise en droit du travail*, (dir.) TEYSSIÉ (B.), th. Paris II, 2014.

B) Les ouvrages

23. Les traités, manuels et précis sont des ouvrages complets traitant d'un sujet particulier. Ils ne se contentent pas de rendre compte de l'état du droit positif, mais consacrent une large place aux réflexions critiques et à l'exposition des controverses qui animent le sujet traité. Le plan adopté est souvent celui d'un cours. Le degré de précision va croissant du manuel, proposant une vue générale de la matière considérée, au traité qui recherche l'exhaustivité.

TERRÉ (Fr.), SIMLER (Ph.) et LEQUETTE (Y.), *Droit civil. Les obligations*, 11e éd., Dalloz, 2013.

COZIAN (M.), VIANDIER (A.) et DEBOISSY (Fl.), *Droit des sociétés*, 28e éd., LexisNexis, 2015.

BLAISE (J.-B.), *Droit des affaires, commerçants, concurrence, distribution*, 7e éd., LGDJ, 2013.

ROMELAER (P.) et KALIKA (M.), *Comment réussir sa thèse ? La conduite du projet de doctorat*, éd. Dunod, 2007.

GHESTIN (J.), BILIAU (M.) et LOISEAU (Gr.), *Le régime des créances et des dettes*, LGDJ, 2005.

N.B. : il est facultatif de rapporter dans vos références la *localisation* de la maison d'édition ainsi que la *collection* dans laquelle paraît l'ouvrage.

C) Les encyclopédies

24. Les encyclopédies sont des ouvrages collectifs de grande envergure qui traitent de manière analytique une branche ou un secteur du droit. Éminemment pratiques, ces documents donnent une idée générale du thème abordé en analysant — de façon systématique — la législation, la jurisprudence et la doctrine qui s'y rapportent. Elles font l'objet de mises à jour régulières.

HÉRAIL (J.), *Rép. civ. Dalloz*, juin 2011, *v°* Actes de notoriété.

JCl. Propriété littéraire et artistique, fasc. 1265, « Droits des auteurs. Droits patrimoniaux. Droits de reproduction par reprographie (CPI art. L. 122-10 et L. 122-12) », [par LUCAS (A.)].

D) Les rapports

25. Ces documents sont généralement le fait d'institutions ou bien de la doctrine. Ils décrivent une situation ou un phénomène et comportent régulièrement un volet prospectif exposant un certain nombre de propositions ou d'intentions.

Commission européenne, *Livre vert : promouvoir un cadre européen pour la responsabilité sociale des entreprises*, COM/2001/0366, 18 juill. 2001, non publié au journal officiel [en ligne] (dernière consultation le 29 déc. 2014), http://eur-lex.europa.eu/legal-content/FR/TXT/PDF/?uri=CELEX:52001DC0366&from=FR.

RUGGIE (J.), *Promotion et protection de tous les droits de l'Homme, civils, politiques, économiques, sociaux et culturels, y compris le droit au développement. Les notions de « sphère d'influence » et de « complicité »*, Rapport pour le Conseil des droits de l'Homme des Nations Unies, 15 mai 2008, [en ligne] (dernière consultation le 29 déc. 2014), http://www.refworld-org/cgibin/texis/vtx/rwmain/opendocpdf.pdf?reldoc=y&docid=48f88ae92.

E) Les dictionnaires

26. Le doctorant doit toujours se soucier de définir les termes qu'il emploie. Pour cela, il doit fréquemment recourir aux dictionnaires et lexiques juridiques. Le terme défini peut apparaître en fin de référence après l'abréviation *v°* pour *verbo* (mot) qui indique l'entrée sélectionnée dans le dictionnaire.

MORET-BAILLY (J.), « Déontologie », *in* CADIET (L.) (dir.), *Dictionnaire de la justice*, PUF, 2004, p. 327.

PICARD (É.), « Droits fondamentaux », *in* ALLAND (D.) et RIALS (S.) (dir.), *Dictionnaire de la culture juridique*, Lamy/PUF, 2003, p. 549.

CORNU (G.) (dir.), *Vocabulaire juridique*, 9e éd., PUF, 2011, p. 584, *v°* juridicité.

BISSARDON (S.), *Droit et justice en citations et adages*, LexisNexis, 2011, p. 55, *v°* devoir.

Paragraphe 2 : Articles

27. Les articles sont des textes de dimension plus restreinte qu'un ouvrage et recueillis dans une revue en comportant plusieurs. On distingue les articles parus dans des revues juridiques **(A)**, des cahiers de recherches **(B)**. Parmi les contributions, il faut différencier celles aux mélanges **(C)**, de celles aux ouvrages collectifs **(D)** et les actes de colloque **(E)**. Une place sera également faite aux sites Internet **(F)**.

A) Les articles des revues juridiques

28. Le principe est d'indiquer d'abord le nom de l'auteur, ensuite le titre de la contribution entre guillemets, puis le nom de la revue qui l'accueille en italique, la date et, enfin, la page où débute l'article. Chaque revue présente des spécificités et un mode d'abréviation propres. Afin de vous y retrouver, vous pouvez vous référer à la liste d'abréviations juridiques élaborée par le Syndicat national de l'édition en libre accès sur Internet[10].

MATHIEU-IZORCHE (M.-L.), « Propos pour un doctorant », *D.* 2002, p. 1683.

MATHIEU (G.), « Problèmes et méthodologie du plan », *RRJ* 1996-4, p. 1201.

B) Les cahiers de recherche

29. Souvent appelés *working papers*, il s'agit d'articles d'auteurs qui ne sont pas encore parus ou qui ne feront tout simplement pas l'objet d'une publication. Les auteurs choisissent alors de diffuser librement leur travail afin d'en faire bénéficier l'ensemble de la communauté scientifique et participer ainsi du débat doctrinal. Plusieurs banques de données se sont spécialisées dans l'hébergement de ces documents. Sans prétendre à l'exhaustivité, on peut citer les sites suivants : le *Social Science Research Network* ainsi que *Papyrus* qui n'est autre que le dépôt institutionnel numérique de l'Université de Montréal.

TCHOTOURIAN (I.), « *Management renewal? Consequences of the current evolutions of the "best interests of the corporation" in North American and French Corporate Law* », [en ligne] (dernière consultation le 29 déc. 2014), http://papers.ssrn.com/sol3/papers.cfm?abstract_id=1809966

---

[10] http://reflex.sne.fr/abreviations-ouvrages-encyclopediques-revues-publications-periodiques-et-ressources-numeriques

C) Les contributions aux mélanges

30. Les mélanges sont des ouvrages collectifs dédiés à une personnalité du droit au moment où elle quitte l'université[11]. Ils réunissent les contributions de plusieurs auteurs. Ces sources sont précieuses, car les contributeurs y abordent une question qui leur tient à cœur et qu'ils traitent en général avec brio. Le thème des contributions est laissé à la discrétion des auteurs qui rendent le plus souvent compte du dernier état de leurs recherches. Nous vous conseillons de consulter systématiquement la table des matières des mélanges que vous croiserez au cours de vos recherches.

NAUROIS (L. de), « La leçon d'agrégation. Vieux souvenirs et réflexions d'un candidat "malheureux" », *Mélanges BOYER (L.)*, éd. Presses de l'Université des sciences sociales de Toulouse, 1996, p. 507.

D) Les contributions aux ouvrages collectifs

31. Les ouvrages collectifs réunissent les contributions de divers auteurs. La réalisation d'un tel ouvrage est encadrée par un ou plusieurs directeurs scientifiques qui veillent à la cohérence intellectuelle d'ensemble. Les contributions sont généralement des déclinaisons du thème général abordé.

---

[11] Les mélanges sont parfois aussi nommés *écrits en l'honneur de*, *Liber amicorum*, *In memoriam*, *Miscellanea* ou encore *études offertes*. La banque de données Doctrinal plus en dresse une liste non exhaustive. Le site Jurisguide propose une fiche d'aide pour trouver l'ensemble des mélanges existant en droit : http://jurisguide.fr/fiches-pedagogiques/melanges-des-outils-pour-les-trouver/?version=pdf

AUROY (N.), « La protection du dénonciateur dans l'alerte professionnelle », *in* BEHAR-TOUCHAIS (M.) (dir.), *La dénonciation en droit privé*, Economica, 2010, p. 117.

32. Si l'on souhaite citer uniquement l'ouvrage, sans se référer à une contribution particulière, on procède ainsi :

BEHAR-TOUCHAIS (M.) (dir.), *La dénonciation en droit privé*, Economica, 2010.

Cette méthode permet de comprendre que la personne indiquée est le directeur scientifique et qu'il s'agit d'un ouvrage collectif réunissant diverses contributions.

E) Les contributions aux colloques, congrès ou journées d'étude

33. Les colloques sont des réunions de chercheurs autour d'un thème commun où sont exposés leurs travaux. Parfois, les actes de ces journées font l'objet d'une publication. La parution se présente alors classiquement sous la forme d'un ouvrage. Dans ce cas, le document est assimilé à un ouvrage collectif et il est référencé de la même manière.

Association Henri CAPITANT (dir.), *La place du juriste face à la norme. Journées nationales Tome XVI/Rennes*, Dalloz, 2012.

Pour citer une contribution du colloque dont les actes sont publiés, on procède ainsi :

MERGEY (A.), « La résistance des juristes face à la loi. Perspectives historiques », *in* Association Henri

CAPITANT (dir.), *La place du juriste face à la norme. Journées nationales Tome XVI/Rennes*, Dalloz, 2012, p. 27.

34. La tâche est plus ardue lorsque les actes n'ont pas été publiés. Plusieurs situations se présentent alors. Soit l'étudiant a participé directement au colloque et a pris des notes sur place, soit les actes, c'est-à-dire les contributions des auteurs, ont simplement été diffusés à l'occasion de ces journées sans donner lieu à parution.

MARTINI (M.), « Paternalisme à petite échelle. Récits et pratiques entrepreneuriales en France pendant les Trente Glorieuses », *in Évolution du rôle sociétal de l'entreprise en Europe du XIXe au XXIe siècle. Dialogues interdisciplinaires*, colloque Université Paris VII, CIST et LADYSS (dir.), 28-29 nov. 2012.

F) Les sites Internet

35. Du fait de l'omniprésence d'Internet, la citation d'un site web est devenue monnaie courante. La toile regorge de blogs et de sites institutionnels où les juristes commentent le droit. Il serait dommage de se priver d'une telle source d'informations au prétexte qu'elle n'a pas fait l'objet d'une publication papier. La citation d'un site web répond à plusieurs conditions formelles. Tout d'abord, doit figurer le nom de l'auteur ou de l'organisme, ensuite, le titre de la page d'accueil, puis l'expression « [en ligne] » signifiant qu'il s'agit d'un document accessible sur Internet. S'ensuit la dernière date de consultation du site indiquée entre parenthèses. Cette précaution est nécessaire, car le doctorant doit s'assurer que les liens qu'il diffuse sont à jour. Si la page devait disparaitre, le doctorant pourra toujours se réfugier derrière la dernière date de vérification. C'est là la faiblesse des sources sur Internet : leur versatilité. Vient enfin l'adresse URL (en veillant à supprimer le lien hypertexte apparaissant en bleu).

Pour les documents PDF trouvés sur la toile, une solution pour assurer leur pérennité serait de sauvegarder ces documents sur un *cloud computing* et d'en fournir un lien sécurisé au lecteur. Le problème demeure en revanche entier pour les blogs qui n'ont pas la pérennité des publications papier.

Paragraphe 3 : Jurisprudence

36. Dans ce paragraphe, nous distinguerons l'étude des décisions de justice **(A)** des commentaires qui s'y rapportent **(B)**.

A) Les décisions de justice

... une ou deux décisions ne suffisent pas pour faire la jurisprudence,

pas plus qu'une hirondelle pour faire le printemps[12].

37. La jurisprudence réunit l'ensemble des décisions de justice rendues pendant une certaine période dans une matière du droit[13]. Tous les arrêts sont caractérisés par un numéro correspondant au

---

[12] CAPITANT (H.), *La thèse de doctorat en droit*, 4e éd., Dalloz, 1951, p. 43.

[13] CORNU (G.) (dir.), *Vocabulaire juridique*, 8e éd., PUF, 2007, p. 530, *vo* jurisprudence.

pourvoi formé par le demandeur. Ce numéro comprend d'abord l'année du pourvoi, puis un tiret et le numéro d'ordre du recours (ex. : n° 13-19.684). Ce numéro est essentiel pour retrouver la décision correspondante sur les banques de données juridiques. C'est pourquoi, malgré l'usage qui veut que ce numéro n'apparaisse que pour les arrêts inédits de la Haute juridiction, nous vous suggérons de le faire figurer pour toutes les décisions citées, cela afin de faciliter le travail de votre lecteur. De nombreux arrêts sont rendus le même jour par la Haute juridiction et seul le numéro de pourvoi permet de trouver rapidement et à coup sûr la décision qui vous intéresse. Étant donné le grand nombre d'arrêts rendus chaque année, la Cour de cassation a procédé à une classification selon l'importance qu'elle attache à ses décisions.

38. Les arrêts « D », pour autrement diffusés, ne font l'objet d'aucune publication. Ceux frappés de la lettre « P » sont publiés au Bulletin d'information de la Cour de cassation (BICC). Il existe un bulletin commun aux chambres civiles, commerciales et sociales de la Cour et un autre dédié aux arrêts rendus par la Chambre criminelle. Les arrêts « P+B » paraissent à la fois au BICC et au Bulletin des arrêts de la Cour de cassation. Ce tirage souligne le souhait de la Haute juridiction de mettre en exergue sa décision. Les arrêts « P+B+R » paraissent non seulement dans les deux précédents recueils, mais également dans le Rapport annuel de la Cour de cassation. Enfin, les décisions « P+B+R+I » paraissent à la fois dans les recueils précités et sur le site Internet de la Cour de cassation.

39. Les auteurs ont pris l'habitude de distinguer les arrêts publiés au Bulletin des arrêts de la Cour de cassation de ceux n'ayant pas bénéficié de ces honneurs. Parmi les décisions non publiées, il faut encore distinguer celles ayant fait l'objet d'annotations de la part de la doctrine de celles restées inédites.

Exemples pour les arrêts inédits (aucune publication au Bulletin et aucun commentaire de la doctrine) :

Cass. com., 22 mai 2001, n° 95-14.909, inédit.

Cass. soc., 30 janv. 1991, n° 87-45.685, inédit.

Exemples pour les arrêts non publiés (aucune publication au Bulletin, mais présence de commentaires de la doctrine) :

Cass. com., 29 mars 1994, n° 91-19.074, non publié au Bulletin ; *RTD com.* 1994, p. 529, obs. CABRILLAC (M.) et TEYSSIÉ (B.).

Cass. com., 23 janv. 2007, n° 05-14.036, non publié au Bulletin ; *RTD com.* 2007, p. 421, note LEGEAIS (D.) ; *D.* 2007, p. 2509, note BOUJEKA (A.).

Exemples pour les arrêts publiés au Bulletin des arrêts de la Cour de cassation (BICC) :

Cass. Plén., 8 déc. 2000, n° 97-44.219, *Bull.* AP, n° 11, p. 19.

Cass. soc., 11 juill. 2001, n° 99-43.342, *Bull.* V, n° 266, p. 214.

Exemples pour les arrêts publiés au Bulletin des arrêts de la Cour de cassation (BICC) et ayant donné lieu à des annotations par la doctrine :

Cass. com., 11 déc. 1990, n° 89-17.454, *Bull.* IV, n° 322 ; *RTD com.* 1991, p. 436, obs. BOULOC (B.).

Cass. com., 10 juill. 2001, n° 98-19.331, *Bull.* IV, n° 134 ; *D.* 2001, p. 2597, note LIENHARD (A.).

Exemples pour les juridictions du premier et second degré :

TGI Valenciennes, 2 nov. 2011, jugement n° 09/02493.

CA Douai, ch. 8, sect. 1, 4 oct. 2012, n° RG 11/08004, inédit.

B) Les commentaires d'arrêts

40. Les décisions de justice font l'objet de commentaires, de notes, de chroniques ou encore d'observations de la part de la doctrine. Commentaires et notes sont généralement tenus pour équivalents. Il s'agit d'études explicatives et analytiques d'une décision. Quant aux observations, il s'agit de remarques doctrinales très brèves. Les frontières entre ces trois types de documents sont souvent poreuses. Heureusement pour le doctorant, leur dénomination figure généralement en exergue du document étudié. Il suffit alors de reprendre le terme retenu par la revue ou les auteurs eux-mêmes. Dans le silence du texte et en cas de doute, privilégiez le terme « note ». Ces études éclairent la décision étudiée, elles n'ont d'intérêt que rapporté à l'arrêt ou au jugement dont elles éclairent la compréhension. Par conséquent, elles sont le plus souvent ajoutées à la suite de la référence de la décision de justice. On peut qualifier l'auteur d'une note de *jurisconsulte*, de *commentateur* ou encore d'*arrêtiste*. Ces termes permettent d'éviter de faire trop souvent appel au mot *auteur*.

Cass. soc., 17 avr. 1991, n° 90-42.636, *Bull.* V, n° 201, p. 122 ; *JCP G* 1991, II, 21724, note SÉRIAUX (A.) ; *RTD civ.* 1991, p. 706, note HAUSSER (J.) ; *Dr. soc.* 1991, p. 485, note SAVATIER (J.) ; *RJS* mai 1991, p. 297.

Cass. soc., 13 janv. 2009, n° 07-43.282, *Bull.* V, n° 3 ; *D.* 2009, p. 1316, note MOULY (J.) ; *JCP G* 2009, II, 10066, comm. BOSSU (B.) ; *RLDA* mars 2009, p. 60, note DARMAISIN (S.) ; *SSL* 9 févr. 2009, p. 12, note RAY (J.-E.) ; *JSL* 10 févr. 2009, p. 9, note HAUTEFORT (M.).

Cass. 1re civ., 28 mars 1995, n° 92-17.805, *Bull.* IV, n° 103, p. 14 ; *D.* 1995, somm. p. 227, obs. DELEBECQUE (Ph.) ; *D.* 1996, p. 180, note MOURALIS (J.-L.) ; *RTD civ.* 1995. p. 886, obs. MESTRE (J.).

41. Un dernier point doit être souligné relativement aux commentaires. L'ordre des revues suit en principe une double logique. Apparaissent d'abord les revues les plus généralistes puis les plus spécialisées. Au sein de ce découpage, on prendra soin de faire figurer au premier plan les revues les plus notoires, et donc les plus facilement accessibles pour le lecteur, puis les revues plus confidentielles.

42. Parfois, on peut vouloir citer la note seule, c'est-à-dire indépendamment de la décision à laquelle elle se rapporte. Dans ce cas, on cite la note de la même manière qu'un article en indiquant simplement la décision de référence.

LECOURT (A.), « Défaut d'ajustement d'obligations convertibles en actions : maintien du monopole du représentant de la masse pour agir en réparation », note sous Cass. com., 10 déc. 2013, *Rev. sociétés* 2014, p. 503.

Paragraphe 4 : Règlementation

43. Très classiquement ici, nous distinguerons la règlementation étatique et européenne **(A)** des normes techniques **(B)**.

A) La règlementation étatique et européenne

44. Citer une loi, une ordonnance, un décret ou encore une directive ou un règlement européens répond toujours aux mêmes exigences. Il faut citer la norme (loi, règlement, etc.), puis son numéro de référence, ensuite, sa date de création, son titre et, enfin, sa localisation dans un journal officiel.

L. n° 66-537 du 24 juill. 1966 sur les sociétés commerciales, *JORF*, 26 juill. 1966, p. 6402.

Ord. n° 45-2592 du 2 nov. 1945 relative au statut des huissiers, *JORF*, 3 nov. 1945, p. 7163.

D. n° 2011-829 du 11 juill. 2011 relatif au bilan des émissions de gaz à effet de serre et au plan climat-énergie territorial, *JORF*, 12 juill. 2011, p. 12055.

Arrêté du 13 mai 2013 déterminant les modalités dans lesquelles l'organisme tiers indépendant conduit sa mission, *JORF*, 14 juin 2013, p. 9861.

Règl. (CE) n° 593/2008 du Parlement européen et du Conseil, 17 juin 2008, sur la loi applicable aux obligations contractuelles « Rome I », *JOUE*, 4 juill. 2008, p. 6.

Directive 94/45/CE du Conseil, 22 sept. 1994, concernant l'institution d'un comité d'entreprise européen ou d'une procédure dans les entreprises de dimension communautaire et les groupes d'entreprises de dimension communautaire en vue d'informer et de consulter les travailleurs, *JOCE*, 30 sept. 1994, p. 64.

B) Les normes techniques

45. *Lato sensu*, la norme technique désigne une sélection de données qui mérite d'être érigée au rang de référence pour l'homme de l'art. Les normes techniques ne sont pas nécessairement couchées par écrit et leurs supports peuvent être très divers. Toutefois, elles sont souvent établies dans des documents normatifs rédigés par des organismes de normalisation. *Stricto sensu*, les normes techniques désignent donc les documents édictés par les organismes de normalisation.

46. La directive 2004/18/CE dispose que la norme est une spécification technique approuvée par un organisme reconnu à activité normative pour application répétée ou continue et dont l'observation n'est pas obligatoire[14]. Ces normes sont des solutions apportées à des problèmes techniques et commerciaux. Elles ont pour objet non seulement d'assurer la compatibilité des produits et des services entre eux, mais aussi de faciliter l'expression d'un besoin lors

[14] Directive 2004/18/CE du Parlement européen et du Conseil du 31 mars 2004 relative à la coordination des procédures de passation des marchés publics de travaux, de fournitures et de services, Annexe VI, *JOUE*, 30 avr. 2004, p. 114.

d'échanges. La juridicité de ces normes est discutée par la doctrine[15].

NEP-9510, Travaux du commissaire aux comptes relatifs au rapport de gestion et aux autres documents adressés aux membres de l'organe appelé à statuer sur les comptes en application de l'article L. 823-10 du Code de commerce, homologuée par arrêté du 3 nov. 2009, *JORF*, 27 nov. 2009, p. 20427.

[15] PENNEAU (A.), *Règles de l'art et normes techniques*, préf. VINEY (G.), LGDJ, 1989 ; ZAMPHIROFF (O.), *Esquisse d'une théorie juridique de la normalisation*, (dir.) CAS (G.), th. Aix-Marseille III, 1990.

Section III : Collecte des sources

47. La collecte des sources englobe deux opérations distinctes : la réunion des sources **(paragraphe 1)** puis leur sauvegarde **(paragraphe 2)**.

Paragraphe 1 : Réunion des sources

48. Trouver les sources implique de dresser un thésaurus **(A)** avant d'adopter une rigoureuse méthode de recherche **(B)**.

A) Thésaurus de recherche

49. Des premiers pas hésitants. Au début, l'étudiant est un peu perdu. Il est comme l'alpiniste au pied de la montagne qui ne sait pas par quel versant attaquer le pic, ni à quel rythme ni comment gérer sa logistique. Ne soyez donc pas surpris si vos premières recherches ont un aspect chaotique. On cherche intuitivement des documents en lien avec le sujet ; on se plonge dans ses vieux manuels en vérifiant si une entrée de l'index pourrait nous être utile ; on rentre à l'envie des mots clefs dans les banques de données scientifiques ou les moteurs de recherche génériques. Il faut accepter cette première phase brouillonne. Mieux, il faut faire sienne l'idée que la plupart des documents réunis à ce moment-là s'avéreront probablement par la suite de peu d'utilité. Lors de ces recherches de découverte, il faut éviter l'écueil consistant à s'enfermer trop tôt dans une niche. Ce risque advient lorsque l'étudiant amoncelle quantité d'articles et de notes qui, à ce stade des recherches, sont trop précis pour se faire une idée générale du sujet. La lecture des manuels à l'avantage de présenter une synthèse des questions qui donneront des *accroches* au chercheur sans le noyer.

50. La quête des mots-clefs. La langue est la faculté de communiquer de manière articulée. Elle est propre à la communauté humaine. Le langage est une notion plus précise : c'est l'usage que fait un groupe de la langue. À cet égard, on peut dire que le droit est le langage des juristes. Le problème posé l'est souvent dans des termes du langage courant. Il va ensuite s'agir pour le chercheur de le retranscrire dans un langage juridique et de déterminer un vocabulaire technique qui constituera les mots-clefs de la recherche. Au gré de ses pérégrinations, le doctorant va ainsi affiner son vocabulaire et mettre en place un thésaurus. Ses recherches deviendront alors plus pertinentes, rapides et précises. Le mot est un code qui ouvre l'accès à de nouveaux territoires de recherche. Fréquemment, la recherche par mot-clef vous amènera dans des champs voisins de celui que vous cultiviez. La présence du même mot dans deux disciplines voisines est rarement anodine et, généralement, l'exploration de ce nouveau gisement s'avérera fructueuse. À titre illustratif, l'étude du mot-clef *provision* vous conduira à des travaux de nature différente selon que vous cherchiez dans des revues de droit commercial, de droit des sociétés ou de comptabilité.

À cette étape, vous allez apprécier l'étendue de votre sujet (mais pas encore le circonscrire) et envisager chacune de ses déclinaisons. Cette approche très large assure de n'omettre aucun élément qui pourrait s'avérer utile à la démonstration. La découverte tardive d'un pan négligé, d'un angle oublié, serait de nature à remettre en cause le plan laborieusement échafaudé. À ce moment de votre travail, la recherche a un effet tâche d'huile, elle est horizontale et recouvre de nombreux domaines. Plus tard, il faudra déterminer les objets pertinents pour votre sujet — pour mieux le circonscrire —, et procéder à une recherche verticale correspondant cette fois à un approfondissement du sujet.

B) Méthode de recherche

> *... le chercheur constatera souvent que les difficultés auxquelles il est confronté procèdent non pas de la pénurie, mais tout au contraire de l'abondance*[16].

51. Notion d'appareillage scientifique. Il faut bien distinguer le travail de collecte des sources de leur analyse puis leur classement. Le doctorant doit en premier lieu réunir sa documentation. Cela passe généralement par des recherches avec les mots-clefs de son sujet, soit dans les banques de données juridiques informatisées, soit dans les bases de données des bibliothèques universitaires. Les documents réunis comprennent un corps de texte accompagné de son appareillage scientifique, c'est-à-dire les références bibliographiques utilisées par l'auteur et qui figurent dans les notes infrapaginales. Ces notes sont une véritable mine d'or. Leur valeur est parfois même supérieure au corps du texte. En effet, les premiers ouvrages de vulgarisation que vous allez consulter

[16] THEUX (A. de) et KOVALOVSZKY (I.), *Précis de méthodologie juridique. Les sources documentaires du droit*, éd. Publications des Facultés universitaires Saint-Louis, 1995, p. 461.

n'aborderont que superficiellement votre sujet et vous renverront souvent vers d'autres ouvrages ou articles spécialisés pour approfondissement. L'auteur que vous venez de lire vous a ainsi ouvert de nouvelles pistes.

52. Constitution d'un « dossier de recherche ». L'ensemble des références bibliographiques pertinentes figurant dans les notes de bas de page des documents consultés doit être méticuleusement rapporté sur un fichier *ad hoc*. Ce « dossier de recherche » comporte l'ensemble des références que vous devez trouver et compulser. Nous conseillons au doctorant de se munir d'un cahier sur lequel il indiquera les références à trouver. Chaque fois qu'il croise une référence bibliographique intéressante, il doit la rapporter sur ce cahier. Lorsqu'elles seront suffisamment nombreuses, il pourra alors se rendre en bibliothèque ou sur Internet pour les trouver. Sitôt que vous accédez à l'une d'elles, rayez-la systématiquement de votre cahier, sinon précisez que l'ouvrage ou la revue est manquant ou en prêt.

53. Approche par les matières. L'étudiant doit être curieux et ne pas hésiter à appréhender tous les supports de parution scientifique du droit. Cela passe par la lecture de manuels, d'ouvrages, d'actes de colloques, de thèses, de mélanges dédiés à un auteur, d'articles publiés dans des périodiques, de rapports, de textes règlementaires et de décisions de justice. Évidemment, la recherche du doctorant ne doit pas se limiter au seul domaine juridique. Les mêmes recherches pourront être entreprises avec profit dans des domaines aussi variés que l'économie, la sociologie, la psychologie, la philosophie, etc. La curiosité intellectuelle est un maître mot du chercheur.

54. Veille et réseautage. Le travail de thésard va s'échelonner sur plusieurs années. Pendant ce temps, le législateur, la jurisprudence et la doctrine vont continuer leur œuvre. Afin de ne pas se laisser déborder par l'actualité, le doctorant doit mettre en place un système de veille sur les sujets qui l'intéressent. Les banques de données juridiques sont dotées d'outils à cette fin. En outre, il est important de se rapprocher des juristes qui travaillent dans le même domaine. Il peut s'agir d'un professeur isolé ou bien d'un collectif de chercheurs. Il faut alors se tenir informé de l'état d'avancement de leurs travaux, voire y participer. Ce double exercice de veille et de réseautage doit vous permettre de tenir un travail à jour.

55. L'état de l'art. Outre ce travail prospectif, l'étudiant doit considérer tous les travaux déjà parus. Cette recherche va se faire assez naturellement grâce à l'appareillage scientifique figurant dans les notes infrapaginales des documents consultés. Ces références bibliographiques renverront tantôt à un ouvrage de référence pour approfondir un point précis, tantôt à un article présentant une hypothèse inverse ou encore, à un domaine voisin qui pourrait intéresser le chercheur et lui permettre d'établir des ponts avec ses propres thèmes de recherche. La quête de sources par renvoi infrapaginaux entraîne nécessairement le doctorant vers des références de plus en plus anciennes. En effet, les notes de bas de page d'un document renvoient nécessairement à des documents déjà parus. De fil en aiguille, le chercheur sera ainsi amené à découvrir puis lire des documents de plus en plus anciens. Cette recherche de l'origine d'une idée, de sa genèse, est très utile. Peu de praticiens du droit ont aujourd'hui le luxe de remonter aussi loin dans le temps pour saisir l'émergence d'une notion. Se rendre dans le ventre des bibliothèques pour en excaver une source rare du début du XXe siècle est une charge dont peu de juristes et même de chercheurs peuvent s'acquitter, mais qui peut constituer une plus-value certaine de votre travail.

56. Sources et citations de première main. Le doctorant ne doit pas se contenter d'informations de seconde main. Il n'est plus étudiant de premier cycle et il lui appartient désormais d'aller vérifier l'information par lui-même, directement à sa source. *A fortiori*, il ne peut copier-coller les notes de bas de page d'autres auteurs à propos d'une décision de justice ou d'un ouvrage. La règle d'or est la suivante : tous les éléments rapportés par l'aspirant docteur dans le corps de sa thèse et dans ses notes infrapaginales doivent avoir fait l'objet – par ses soins – d'une vérification minutieuse. Chaque référence est contrôlée, chaque décision est lue ainsi que les commentaires qui s'y rapportent, etc. C'est avant tout une question d'honnêteté intellectuelle, de respect du lecteur et de ses pairs aux côtés desquels le doctorant prétend se hisser. La thèse est une formation, le niveau du docteur au sortir de cette épreuve sera à la hauteur de son investissement en tant que thésard. On récolte ce que l'on sème.

57. Exhaustivité bibliographique. Parmi les missions du thésard, il en est une qui consiste à rendre compte de l'ensemble de la bibliographie utile et nécessaire à la compréhension de son sujet. Il ne peut donc pas se permettre de négliger ou délaisser une référence qui, bien qu'ancienne ou ardue, pourrait s'avérer éclairante pour son sujet. Le doctorant apporte une pierre à l'édifice de la recherche. Sur cette pierre, d'autres après lui pourront continuer de bâtir. Il doit donc proposer une assise forte sur laquelle ses successeurs trouveront un solide appui. Élaborer une bibliographie exhaustive compte au nombre des tâches assignées au doctorant.

58. Balayage intégral des sommaires de revues. Cela consiste à passer en revue les sommaires des revues en lien avec votre sujet. Par exemple, pour un sujet en droit du travail, on lira avec profit l'intégralité des sommaires de la revue *Droit social* ou la *Revue de Droit du Travail*. À vrai dire, l'opération peut même être étendue à l'ensemble des revues juridiques accessibles. Pour accomplir cette démarche, la consultation des banques de données numériques va être insuffisante, car la numérisation remonte rarement avant 1990. L'étudiant sera donc amené à se rendre dans une bibliothèque et à feuilleter directement les volumes de la revue. La proximité d'un photocopieur lui permettra de reproduire et conserver pour le traiter plus tard un article lui paraissant pertinent. Il est à noter que la Bibliothèque nationale de France autorise la photographie de la majeure partie de son catalogue par ses usagers[17].

59. Spontanéité de la recherche. Il faut comprendre que la recherche a un effet cumulatif. Plus la documentation s'étoffe, plus les perspectives de recherche se multiplient. Si au cours d'une journée de collecte, l'étudiant tombe sur des sources inattendues, il doit les relever et les sauvegarder aussitôt. S'il pressent que le thème qu'elles abordent pourra l'intéresser plus tard, il ne

[17] Règlement de la reproduction des documents en salles de lecture (de la Bibliothèque du haut-de-jardin, site François MITTERRAND, de la Bibliothèque de Recherche, site François MITTERRAND, RICHELIEU, LOUVOIS, Arsenal, Opéra, et de la Maison Jean VILAR), 29 juin 2015, art. 2.3.

doit surtout pas remettre leur collecte. Une attitude trop obtuse consistant à consacrer une journée à la quête de telle type de documentation en excluant tout le reste, sous prétexte qu'on y reviendra à l'avenir, doit être écartée. Il faut considérer que les sources sont éphémères et qu'on n'aura pas nécessairement deux fois l'occasion de les tenir entre ses mains.

60. Localisation des sources. On trouve les sources principalement à deux endroits : sur Internet et en bibliothèque[18]. On rencontre évidemment quantité de documents utiles sur Internet, que ce soit par le truchement des banques de données informatisées ou en parcourant les sites institutionnels et les blogs de juristes. Toutefois, un point important doit être gardé à l'esprit. Il ne faut pas oublier que ce sont les revues papier qui ont été numérisées et pas les revues informatisées qui ont été ensuite imprimées. L'exercice académique de la thèse et du mémoire demeure donc conditionné par des références *publiées*[19].

---

[18] Le site Internet SUDOC propose un catalogue permettant de repérer dans quelles bibliothèques se situent la version papier de l'ouvrage recherché (lancez une recherche puis sélectionnez l'onglet « où trouver ce document ? »).

[19] COTTIN (S.), *La gestion de la documentation juridique*, LGDJ, 2011, p. 8 et s. : « En revanche, le droit reste encore très traditionaliste quant aux supports matériels de ces informations : elles restent en très grande majorité sur papier. Quand elles existent sur support électronique, elles ont toujours préexisté sur le papier et ne sont que des succédanés, souvent tardifs et parcellaires. Il a fallu attendre très tard pour voir émerger le phénomène des données “nées numériques” (*digitally born*), qui n'ont d'existence que numérique, dans le domaine du droit, bien que la rencontre entre le monde de l'informatique et celui du droit soit ancienne. »

La version papier d'une revue ou d'un ouvrage est la source ultime à laquelle doit se référer le chercheur. Prenons l'exemple du *Recueil Dalloz* qui est disponible en ligne sur la banque de données Dalloz. Lorsqu'un article est téléchargé, seule apparaît la page de départ du texte. Le reste de l'article est dénué de pagination. Comment dès lors citer un passage de cet article ou indiquer au lecteur les pages de début et de fin de l'article dans la revue concernée[20] ?

De même, la façon de citer une revue est intimement liée à son support de parution. À titre illustratif, pour la revue *Droit social*, il n'est pas utile de citer le jour et le mois de la revue, car chaque année l'ensemble des revues est réuni au sein d'un seul volume dont la pagination est continue. C'est pourquoi on peut se contenter de rapporter uniquement l'année et les pages de l'article.

Il faut bien comprendre que l'informatique est arrivée tardivement dans un système dominé par le papier. La parution papier demeure donc un horizon indépassable pour le chercheur qui, tôt ou tard, devra feuilleter la documentation. Si certains raccourcis sont tolérés pour un travail d'article, ils ne sauraient l'être en revanche pour une entreprise de l'envergure d'une thèse. Le doctorant doit donc comprendre que la découverte et la collecte de sources sur Internet ne l'exonéreront pas de recherches minutieuses dans les bibliothèques physiques. La référence citée en bibliographie et en note de bas de page doit être précise et sûre au regard de la *parution papier* du document.

---

[20] En pratique, les auteurs citent la première page de la source puis renvoient aux passages intéressants à l'aide des numéros de paragraphe.

61. Temps de collecte et temps de lecture. Il faut être conscient du temps considérable que nécessite la réunion de la documentation dans des bibliothèques. Des journées complètes y seront consacrées. Vous devrez vous munir de cartes de lecteur dans plusieurs bibliothèques afin de trouver toutes les références qui vous intéressent.

N'espérez pas pouvoir analyser immédiatement les textes fraîchement découverts. Le temps de la collecte doit être distingué de celui de la lecture. Les documents collectés constituent une somme que vous éplucherez ensuite tranquillement là où vous avez vos habitudes.

Paragraphe 2 : Sauvegarde des sources

62. Un point juridique sur la reprographie **(A)** nous permettra de mieux cerner ce que recouvre la notion de sauvegarde de la documentation consultée **(B)**.

A) Point juridique sur la reprographie

63. Notion. La reprographie est l'ensemble des moyens destinés à reproduire un document[21]. La forme la plus connue est la photocopie, mais la reprographie inclut également le scan d'un document. À propos des photocopies, il est bon de rappeler que celles-ci vont constituer une charge conséquente dans le budget du doctorant.

---

[21] C. propr. intell., art. L. 122-10, al. 2 : « La reprographie s'entend de la reproduction sous forme de copie sur papier ou support assimilé par une technique photographique ou d'effet équivalent permettant une lecture directe. »

64. Droit de reproduction par reprographie. La publication d'une œuvre emporte cession du droit de reproduction par reprographie à une société spécifique agréée à cet effet par le ministre chargé de la culture[22]. Cette cession légale au profit du Centre français du droit d'exploitation de copie (CFC) permet en pratique d'assurer une gestion collective des reproductions à l'échelon national. Le CFC gère collectivement et pour le compte des auteurs et des éditeurs les droits de copie papier et numérique d'une œuvre.

65. Usage privé du copiste. Le droit de reproduction par reprographie connaît certains tempéraments énumérés à l'article L. 122-5-2 du Code de la propriété intellectuelle. On en déduit que le copiste n'est tenu au paiement de ce droit que lorsque la copie qu'il fait est destinée à un usage collectif. Par conséquent, la *copie privée* est exempte du paiement de ce droit[23]. Les photocopies ou numérisations pour un usage privé sont donc libres.

Quelques précisions doivent être apportées. D'abord, les reprographies doivent être strictement réservées à l'usage privé du copiste. Seul le copiste-usager est concerné par l'exemption. Ensuite, la copie n'est pas limitée à un pourcentage de l'œuvre. L'article L. 122-10 du Code de la propriété intellectuelle évoque la cession du droit de reproduction par reprographie dans son ensemble. Or, le droit de reproduction – dont le droit de reproduction par reprographie ne constitue qu'un démembrement – concerne la reproduction

---

[22] C. propr. intell., art. L. 122-10, al. 1er.

[23] *JCl. Propriété littéraire et artistique*, fasc. 1265, « Droits des auteurs. Droits patrimoniaux. Droits de reproduction par reprographie (CPI art. L. 122-10 et L. 122-12) », [par LUCAS (A.)].

intégrale ou *partielle* de l'œuvre[24]. Par conséquent, le CFC semble faire erreur lorsqu'il affirme que la seule la reproduction d'un extrait de l'œuvre est licite et que toute reproduction intégrale, même pour un usage privé, est interdite et « constitue une contrefaçon »[25].

En résumé, l'étudiant peut librement scanner et photocopier les documents parus qu'il collecte. Ces copies ne devront être utilisées que dans le cadre de ses recherches. Il devra donc les conserver et ne pas les diffuser. La photocopie et la numérisation constituent une contrefaçon dès lors qu'ils ne sont plus destinés à l'usage strictement privé du copiste.

B) Reprographie et stockage de la documentation

66. Qualité de la reprographie papier. Pour les recherches en bibliothèque, l'idéal est de pouvoir emprunter les sources papier qui vous intéressent. À défaut, recourez à la photocopie. Dans ce cas, pensez à reprographier la couverture de la revue ou de l'ouvrage.

67. Éphémérité des sources. Lorsqu'il lit un document, le doctorant doit s'assurer d'en retirer l'essentiel pour ses recherches. Toutefois, cette quête de l'élément pertinent ne doit pas le conduire à n'en conserver qu'une version partielle. Deux raisons

---

[24] C. propr. intell., art. L. 122-4.

[25] CFC, *Charte pour le respect de la propriété intellectuelle dans les universités. Un livret pour comprendre et appliquer la législation en matière de photocopie*, p. 12, [en ligne] (dernière consultation le 29 déc. 2014), http://daji.univ-amu.fr/sites/daji.univamu.fr/files/Charte%20relative%20au%20droit%20de%20copie.pdf.

militent en ce sens. En premier lieu, en scannant partiellement l'article, celui-ci risque de devenir par la suite non identifiable. Au moment de rédiger la thèse, le doctorant se trouverait alors dans l'incapacité de le référencer correctement et serait alors contraint de retourner en bibliothèque pour récupérer la référence exacte ou bien, lorsque le temps l'y contraint, d'abandonner ce document. En second lieu, le chercheur ne doit pas omettre que la hiérarchie de la pertinence des éléments traités pourra s'inverser au fil de ses investigations. Ainsi, un thème qui paraissait de prime abord mineur peut s'avérer finalement essentiel et imposer au doctorant d'aller retrouver un document croisé et dont il n'avait fait qu'une sauvegarde partielle. Retenez qu'une source ne doit pas être collectée deux fois. Elle doit être consultée et sauvegardée une bonne fois pour toutes. Cette remarque ne vaut bien évidemment pas pour les ouvrages généraux tels que les manuels de droits ou les lexiques juridiques dans lesquels vous serez amené à vous replonger régulièrement.

68. Numérisation des documents. Au terme de ces journées de recherche en bibliothèque, l'étudiant repart avec une pile de photocopies et/ou d'ouvrages sous le bras. De même, à la fin d'une journée de recherche sur Internet, le doctorant aura réuni un nombre conséquent de fichiers PDF sur le disque dur de son ordinateur. L'étudiant doit systématiquement faire en sorte de conserver une version *numérisée* des documents consultés. Pour cela, deux options s'offrent à lui. Il peut directement télécharger un document en version PDF à partir des banques de données qu'il consulte. Sinon, pour les documents papier, il peut soit les emprunter et les scanner directement pour avoir en avoir une version PDF soit, à défaut d'emprunt, il peut en photocopier l'essentiel puis scanner ces reprographies. En toute hypothèse, l'étudiant doit *in fine* disposer d'une version PDF des documents consultés. Ces fichiers numérisés comporteront dans leur intitulé le nom de l'auteur et les mots-clefs du titre. Ces termes permettront de retrouver aisément l'article ou l'ouvrage lors de la phase de rédaction.

69. Note des références. À défaut de pouvoir assurer la sauvegarde immédiate du document, l'étudiant doit au moins en consigner soigneusement la référence. Sans cette précaution, le doctorant risque de ne pas retrouver ce document au moment de la rédaction voire, d'oublier qu'il l'a déjà eu entre ses mains. Il faut donc chaque fois noter scrupuleusement la référence de la source puis sauvegarder le document (en téléchargeant le fichier informatique ou en scannant un document papier)[26].

70. Sauvegarde informatique de tous vos fichiers. Il n'existe que deux types de documentation, celle qui a été sauvegardée et celle qui n'a pas encore disparu. Une fois les premières sources collectées et classées, pensez à sauvegarder régulièrement vos dossiers. Le travail de la thèse est trop important pour que vous puissiez vous permettre de perdre l'équivalent de mois de recherche. Vous devez donc

---

[26] DREYFUS (S.) et NICOLAS-VULLIERME (L.), *La thèse de doctorat et le mémoire. Étude méthodologique (Sciences politiques et juridiques)*, 3e éd., Éd. Cujas, 2000, p. 113. Les auteurs conseillent avec sagesse d'épuiser du premier coup chacune des sources consultées. Cela implique de relever les références sans rien omettre. Par ailleurs, il faut noter les informations pertinentes et copier scrupuleusement tout passage susceptible de faire l'objet d'une citation en précisant bien la page où elle apparaît dans le document.

sauvegarder tous vos documents (l'ensemble de vos dossiers de classement de la documentation collectée, le plan provisoire, les premiers jets rédigés, la fiche de bibliographie, etc.). À cette fin, plusieurs solutions vous sont offertes. Vous pouvez sauvegarder vos données sur un disque dur externe et recourir à un *cloud computing*, c'est-à-dire à un serveur informatique distant sur Internet et destiné à stocker des données[27].

[27] Par ex. : *Dropbox*.

Section IV : Traitement des sources

L'étudiant qui commence sa thèse ne peut, dès le début, se tracer un plan définitif. L'ordonnance définitive de son œuvre ne se dégagera qu'au fur et à mesure des recherches ; elle dépendra des matériaux trouvés[28].

Le but du plan provisoire est alors de cadrer le sujet et d'ébaucher une première image encore floue et imparfaite de la structure future. Cette première étape dans la recherche du plan réside essentiellement dans le souci d'ordonner les idées et la documentation. Elle permet aussi de donner une direction aux recherches entreprises pas l'auteur en dégageant une première problématique[29].

A) Compulsation des documents

71. Du fichage... Une fois le sujet défini avec son directeur et les premières recherches effectuées, le thésard va rapidement accumuler une documentation conséquente qu'il convient de compulser. Pour cela, plusieurs méthodes existent. La première consiste à faire systématiquement des fiches de lecture pour chacune des sources consultées. On en distingue deux sortes, d'une part, les fiches ponctuelles et, d'autre part, les fiches de synthèse. Les premières consistent à ne retenir du texte lu que les informations directement utiles à votre sujet de recherche. Quant aux secondes, elles proposent un résumé du texte et de la pensée de

---

[28] CAPITANT (H.), *op. cit.*, p. 25.

[29] MATHIEU (G.), « Problèmes et méthodologie du plan », *RRJ* 1996-4, p. 1204.

l'auteur. Autrement dit, dans un cas, on extrait certaines informations utiles du document tandis que dans l'autre, on s'attache à rendre fidèlement compte de la pensée et du raisonnement d'un auteur.

72. ... et de son utilité. Notons toutefois que ce travail est souvent fastidieux et parfois tout simplement inefficace. En effet, au début de son travail, le doctorant a tendance à tout ficher en pensant que chaque information qu'il croise est essentielle. Ces fiches, qui confinent bien souvent à la paraphrase, s'avèrent parfaitement inutiles au moment de la rédaction. Plus sa connaissance du sujet s'affine et plus le doctorant est apte à sélectionner les informations pertinentes. Ce n'est qu'à ce moment que l'élaboration d'une fiche sera efficace, car l'étudiant deviendra capable de synthétiser un ouvrage complet en trois pages. Les discussions avec de nombreux doctorants nous conduisent à penser que la rédaction de fiches est entreprise au début du travail de thèse et qu'elle est généralement abandonnée par la suite. C'est pourquoi nous conseillons aux chercheurs de procéder directement au surlignage de l'information et à la prise de note en marge et en en-tête des photocopies ou des documents numérisés. L'établissement de fiches reste utile pour les monographies et notamment les thèses afin de rapporter en quelques lignes l'idée essentielle soutenue par l'auteur. Cela permettra par la suite de déterminer rapidement si la thèse présente un quelconque intérêt sans avoir à la remanier.

B) *Classement de la documentation*

73. Distinction cardinale du plan de recherche et du plan de thèse. Le classement de la documentation s'impose lorsque le doctorant a déjà réuni une somme considérable de documents. Les documents PDF, issus de téléchargements ou de numérisations, seront alors répartis dans différents dossiers (un document se rattachant à plusieurs thèmes sera dupliqué et affecté aux différents dossiers qu'il concerne). Au début, la logique d'ordonnancement est simplement guidée par le contenu des textes. Si sur les 100 premiers documents, 20 ont trait au thème A, 30 ont trait au thème B, 40 au thème C et 10 au thème D, le doctorant se contentera de créer 4 dossiers reprenant le nom de ces thèmes. Il ne s'agit pas encore d'élaborer un plan de la thèse, mais simplement de classer les documents au fur et à mesure de leur collecte. Il s'agit davantage d'un plan de recherche que d'un plan de thèse. Ce plan préliminaire est une étape incontournable et c'est uniquement lorsque la compréhension du sujet sera plus avancée que vous pourrez tenter d'échafauder un plan d'exposition ou de thèse.

74. Objectivité du plan de recherche et subjectivité du plan de thèse. Un écueil consisterait à vouloir ranger les premières données collectées d'après un plan de thèse et non de recherche. Cette erreur doit être évitée, car cela reviendrait à opérer un classement en contemplation d'une hypothèse de travail fragile plutôt qu'en considération du contenu objectif des documents traités. Ce plan risque de biaiser votre compréhension du sujet en masquant le véritable contenu de la documentation rassemblée. Pour le dire autrement, le plan de thèse est *subjectif*, le plan de recherche est *objectif*. Mieux vaut donc classer vos documents d'après le second. Sur cette base, vous serez plus à même d'élaborer un plan de thèse en phase avec votre documentation.

Par ailleurs, classer les informations d'après un plan de thèse implique généralement de découper les articles ou, à tout le moins, de les copier dans plusieurs dossiers différents. Une approche transversale appliquée trop tôt vous assigne à une opération fastidieuse de découpage des documents d'après un ordre pour lequel ils n'ont pas été pensés. Évidemment, cette étape va s'avérer nécessaire à un moment, mais il ne faut pas y venir trop tôt. Si le doctorant a déjà des intuitions, celles-ci ne doivent pas occulter la réalité de la documentation qu'il traite.

Tout au long de la thèse, il existera un déphasage entre le plan de recherche – pensé pour accueillir au mieux la documentation collectée – et le plan de thèse, pensé pour faire une démonstration. Inverser ou confondre les deux peut avoir de lourdes conséquences. Appliquer l'ordonnancement de la recherche au plan de thèse lui donnera un aspect descriptif. Au contraire, appliquer le plan de thèse au plan de recherche imposera un découpage excessif de la documentation et emportera le risque de projeter son intuition sur la documentation en la biaisant. Le plan de recherche précède celui de la thèse.

C) Critères de rattachement au sujet et problématisation

Définir, c'est entourer d'un mur de mots un terrain vague d'idées.

Samuel BUTLER

75. Définition du sujet. Le doctorant va commencer par élaguer son sujet. Il cerne ce qui en constitue le cœur, la périphérie et ce qui en est exclu. Rapidement, il faut se demander pourquoi tel élément apparaît comme essentiel et pourquoi tel autre est secondaire, voire hors sujet. C'est le premier travail de *définition* du sujet. Définir revient à exposer tous les éléments constitutifs de l'objet observé, puis sélectionner ceux qui sont pertinents au regard de votre sujet. Définir c'est donc énumérer les caractéristiques d'un objet et choisir celles que vous allez retenir pour la suite de votre exposé.

Le sujet que vous abordez comprend généralement plusieurs termes. En éclaircissant chacun des éléments qui les composent, vous allez trouver ceux qui entretiennent des points communs. Ces passerelles constitueront précisément le cœur de votre sujet. Les éléments irréductibles communs aux termes de votre sujet doivent être correctement identifiés et délimités.

76. Critères de rattachement au sujet. Une fois ce travail réalisé, vous serez à même de dégager un ou plusieurs critères de rattachement à votre sujet et donc de distinguer les documents pertinents de ceux hors sujet. Cette répartition est d'abord intuitive puis, le travail de définition aidant, vous allez pouvoir expliciter ces critères et les rendre manifestes. Au bout de ce cheminement intellectuel, l'étudiant aura dégagé des *critères* de rattachement à son sujet. Ces derniers seront également au centre de sa problématique et permettront de la découvrir. Les critères de rattachement et votre problématique sont en fait les deux faces d'une même pièce.

D) Échafaudage du plan

77. Quête de la *summa divisio*[30]. En consultant des documents liés à son sujet, le doctorant va naturellement avoir des intuitions. Un lien va s'opérer entre ses différentes lectures. De ce long processus d'intertextualité va émerger une première problématique à laquelle le chercheur va s'évertuer de répondre en deux temps. Cette division binaire correspond à une ligne de fracture dans le raisonnement. Ces parties forment les deux versants d'une montagne qui se rejoignent pour former une pointe. Tous nouveaux éléments qui arriveront par la suite tomberont alors nécessairement d'un côté ou de l'autre de ce pic. C'est le principe même de la *summa divisio*, la division la plus élevée, qui embrasse l'ensemble des éléments qui lui sont inférieurs. Tout nouvel élément relève alors nécessairement de l'une des deux branches qu'elle distingue. Les juristes ont le plus souvent recours à ce plan binaire dit « par opposition ». Chaque division se décompose ensuite elle-même en deux subdivisions généralement formulées en couple d'opposition.

---

[30] BARRAUD (H.), L'usage du plan en deux parties dans les facultés de droit françaises, *RTD civ.* 2015, p. 807 ; BONNARD (J.), « Variations sur le plan en deux parties en usage dans nos facultés de droit », *LPA* 2012, n° 122, p. 12.

78. Banc d'essai. Deux tests permettent de vérifier la solidité de la *summa divisio* proposée : celui de la *redite* et celui de l'*exclusion*. Si un élément imparti à la première branche semble pouvoir aussi bien rentrer dans la seconde, la division doit être révisée. Inversement, si un élément ne trouve sa place nulle part au sein des deux parties, la ligne de fracture doit être remaniée.

79. Présentation du plan provisoire au directeur de recherche. Au terme de ses pérégrinations qui peuvent durer de six mois à un an, l'étudiant va pouvoir jeter un plan provisoire sur une feuille. C'est l'occasion de faire la synthèse de ses premières recherches. Il doit proposer une problématique courte à laquelle répond ingénieusement le plan en deux branches (parties) et deux sous-parties (titres). Avant d'aller voir son directeur de recherche, le doctorant sera bien inspiré de présenter son plan aux autres doctorants de son laboratoire. Présenter et défendre son plan à l'oral devant ses pairs est un bon test. De même qu'écrire permet de penser, discuter fait accoucher les idées. Vos collègues auront souvent croisé une source qui pourrait vous intéresser ou alors, ils vous suggéreront un angle d'approche auquel vous n'aviez pas songé. Cette première confrontation permet de s'assurer de l'intelligibilité du plan et d'en déceler les éventuelles failles.

Si cette première étape est concluante, le chercheur va pouvoir solliciter l'aide de son directeur. Il lui présentera alors ses recherches en lui fournissant une bibliographie intermédiaire. Sera mis en exergue le questionnement né de la lecture de cette documentation et la réponse provisoire proposée sous forme d'un plan. À ce stade des recherches, l'étudiant va surtout exposer les difficultés rencontrées et son tuteur va l'aider à les surmonter. Éventuellement, il lui indiquera des champs d'investigations non soupçonnés par le chercheur. Le directeur prend surtout acte du cheminement de la pensée de son protégé. Il faut garder à l'esprit que cinq plans intermédiaires, sinon plus, sont souvent nécessaires avant de cerner avec certitude la *summa divisio*. Quant aux plus petites subdivisions, il faut s'attendre à les modifier jusqu'à la dernière minute.

80. Théorie et pratique. Un mouvement de va-et-vient permanent se met en place entre, d'une part, la collecte d'information et l'échafaudage du plan et, d'autre part, l'appréhension des nouveaux documents à l'aune de cette grille d'analyse que constitue le plan. La confrontation du plan théorique à la réalité du flot permanent de documentation collecté va imposer sa révision régulière. Le plan s'apparente alors à une sorte de toile tissée par le doctorant qui va capter harmonieusement la documentation pertinente. Chaque nouvelle information va alors trouver une place logique dans l'ordonnancement global. Ce dernier est bon lorsque tous les nouveaux éléments relatifs au sujet y trouvent « naturellement » leur place.

81. Versatilité des premiers plans. Le plan intermédiaire est l'occasion pour le doctorant de coucher sa pensée par écrit. Il s'agit de son cadre conceptuel pour appréhender la documentation future et les idées qui en jailliront. Chaque nouveau document et chaque nouvelle idée viendront en quelque sorte tester la solidité du plan. Les premiers seront généralement battus en brèche puis balayés par un article fondamental qui bouleversera la vision qu'avait alors l'étudiant de son sujet. Parfois, le plan est remis en cause par vagues successives. Une soudaine accumulation d'informations participant d'une dynamique commune, mais jusqu'alors ignorée, peut faire douter le chercheur de la pertinence de son approche. Dans ce cas, le plan subit une érosion et finit par s'effondrer. Ces échecs n'en sont pas vraiment. C'est en forgeant qu'on devient forgeron, il faut donc sans cesse remettre l'ouvrage sur le métier et le tester. Le plan ne vient pas couronner la phase de recherche, il est au contraire consubstantiel de cette phase.

Le processus de recherche est itératif, c'est-à-dire qu'il est amené à se répéter. L'étudiant part en quête de sources qu'il collecte. Celles-ci sont ensuite lues, compulsées, fichées, classées. Elles sont comprises par l'auteur et intègrent sa réflexion sur le sujet. Au besoin, le plan est modifié en conséquence. Le plan ainsi modifié va changer le cahier des charges de la recherche et ouvrir de nouveaux champs d'investigation.

82. Logiques déductives et inductives. Le plan se construit selon deux logiques complémentaires : déductive et inductive. La première consiste à proposer un plan théorique que l'on va confronter au réel. L'étape de l'écriture va généralement assez vite révéler si le plan est cohérent et s'il y a suffisamment de matière pour en étoffer l'ossature. Assez souvent, on s'aperçoit que le plan est tout à fait perfectible, voire qu'il doit être repris complètement. La logique inductive part au contraire de l'observation du réel qui amène à proposer un modèle, une hypothèse de cohérence entre les éléments observés. C'est un effort d'abstraction. Rédiger, c'est penser. Souvent à l'occasion des phases de rédaction, le doctorant trouve des liens logiques inattendus qui viennent bouleverser sa compréhension du sujet. L'édification du plan est donc consubstantielle de la rédaction, les deux étapes s'enrichissent mutuellement.

83. Aspects formels du plan. Plus les recherches vont progresser et plus l'étudiant va peaufiner son plan et y adjoindre de nouvelles subdivisions. Quant aux intitulés, privilégiez un style indirect comprenant un substantif avec complément sans verbe ni forme interrogative. Un autre défaut à éviter est le caractère abscons ou ampoulé des titres. Si c'est une réussite au plan littéraire, c'est en revanche un fiasco pédagogique. Ces titres peu évocateurs ne permettent pas d'en cerner le contenu à première lecture. Le liseur sera alors contraint de se référer à la table des matières et de dérouler le plan jusqu'aux plus petites subdivisions pour, enfin, comprendre de quoi il retourne. La thèse n'est pas un roman policier : il n'y a pas de suspens à ménager[31]. La simple lecture du sommaire doit immédiatement permettre au lecteur de saisir la *summa divisio* et le contenu, même approximatif, de l'ouvrage. Comme l'indiquent des auteurs, « le plan doit être un instrument et non pas une fin en soi, une clé et non pas une énigme »[32]. La thèse comporte les subdivisions suivantes : parties, titres, chapitres, sections, paragraphes, A, 1, a, etc.

---

[31] DREYFUS (S.) et NICOLAS-VULLIERME (L.), *La thèse de doctorat et le mémoire. Étude méthodologique (Sciences politiques et juridiques)*, 3e éd., Éd. Cujas, 2000, p. 236.
[32] *Ibid.*

CHAPITRE II : PENDANT LA RÉDACTION

84. Schématiquement, les pages constituant le cœur de la thèse comportent, d'une part, le corps du texte même **(section I)** et, d'autre part, les notes de bas de page supportant l'appareillage scientifique **(section II)**.

Section I : La rédaction du corps du texte

Avant donc que d'écrire, apprenez à penser.
Selon que notre idée est plus ou moins obscure,
L'expression la suit, ou moins nette, ou plus pure.
Ce que l'on conçoit bien s'énonce clairement,
Et les mots pour le dire arrivent aisément.

Nicolas BOILEAU

A) Par quoi commencer ?

85. Quid de l'introduction ? Dès lors que le directeur a validé un plan détaillé et autorisé l'étudiant à rédiger, celui-ci va se mettre à l'ouvrage. Par quoi commencer alors ? En la matière, les avis divergent. Selon un auteur, l'introduction, tout comme la conclusion d'ailleurs, doit être rédigée après la rédaction du corps entier de la thèse[33]. Un autre soutient au contraire que c'est l'introduction qui doit être rédigée en premier[34]. Il nous semble que rédiger en dernier l'introduction emporte le risque de la bâcler, car l'aspirant au doctorat est – souvent – en retard ou fatigué et désire se débarrasser au plus vite de la thèse devenue fardeau. Or, l'introduction est peut-être la seule chose que liront vos lecteurs. La rédiger rapidement risque ainsi de porter préjudice à l'ensemble de l'œuvre en donnant une mauvaise

---

[33] CAPITANT (H.), *op. cit.*, p. 29.

[34] GASSIN (R.), « Une méthodologie de la thèse de doctorat en droit », *RRJ* 1996-4, p. 1191 : « L'introduction – ou du moins le schéma détaillé de celle-ci – doit être élaborée avant de passer à la rédaction des parties de la thèse, quitte à y revenir après achèvement de celles-ci pour la fignoler ou y apporter quelques remaniements. »

première impression. Par ailleurs, nous pensons que l'écriture étaye la réflexion. Il nous paraît donc utile d'entreprendre assez rapidement la rédaction de l'introduction. Cette dernière doit être entièrement tournée vers la justification du plan. Elle met en lumière la pertinence de la ligne de fracture choisie. Toutefois, il s'agit d'un chantier en cours et ce n'est certainement pas le premier écrit à présenter au directeur de thèse. Le travail de l'introduction commence le premier et sera sans doute achevé en dernier. On estime habituellement que l'introduction ne doit guère dépasser un dixième du nombre de pages rédigées[35].

86. Contenu de l'introduction. L'introduction doit comprendre les éléments suivants :

- une définition des termes et expressions du sujet. Ce travail essentiel permet de dire ce qui *relève* du sujet et corrélativement, ce qui en est *exclu*. C'est à ce moment que l'étudiant pourra écarter l'étude de tel ou tel point jugé hors sujet au regard des définitions adoptées par lui ;
- une contextualisation du sujet. Cela implique de situer l'origine des concepts abordés (travail de généalogie), l'intérêt actuel de leur étude et les évolutions prévisibles ;
- énonciation de la problématique.
- enfin, il faut justifier et annoncer la ligne de fracture adoptée et, par là même, le plan choisi.

---

[35] ROMI (R.), *Méthodologie de la recherche en droit. Master et doctorat*, 2e éd., Litec, 2011, p. 46.

87. Commencer par la partie avec laquelle le rédacteur présente le plus d'accointances. Le doctorant peut commencer par rédiger la partie avec laquelle il se sent le plus à l'aise. Ce peut être une subdivision quelconque pour laquelle il aurait déjà recueilli une documentation complète et dont il se sent prêt à entreprendre la rédaction. De façon très pratique, l'étudiant doit rédiger un point de son travail complètement. Il ne s'agit pas d'écrire ici et là des bribes de phrases éparses. Au contraire, il doit sélectionner un développement (deux ou trois paragraphes) et le rédiger en entier, d'un bloc. C'est une mauvaise chose que de lancer cinq chantiers de rédaction en même temps, c'est l'assurance de n'en faire aucun correctement.

88. Exemples d'introductions. Les quelques résumés d'introductions de thèses de droit qui suivent vous permettront de vous familiariser avec cet exercice.

DUBOC (G.), *La compensation et les droits des tiers*, préf. MOURALIS (J.-L.), LGDJ, 1989

La compensation se présente traditionnellement comme un mode de paiement réciproque, simplifié et abrégé, par lequel on s'épargne un double transfert de fonds. Elle opère également une fonction de garantie. Le paiement par compensation permet au créancier de recevoir un paiement immédiat en dépit de l'insolvabilité de son débiteur, tandis que les autres créanciers chirographaires voient leur gage général amputé de la créance éteinte par compensation.

On doit aux juristes byzantins la généralisation de cette institution. Dans une constitution de 531, Justinien précise que la compensation opère *ipso jure* et que la créance du demandeur se trouve diminuée de sa dette envers le défendeur. L'expression *ipso jure* signifiait alors simplement qu'il était loisible au défendeur d'invoquer la compensation sans passer par le détour d'une exception de dol. Le Code civil a cependant consacré la compensation comme un double paiement opérant de *plein droit* et à l'insu même des parties.

Selon le Code civil, la compensation suppose la réunion de quatre conditions. Les créances considérées doivent être réciproques, liquides, exigibles et fongibles. Par conséquent, la compensation ne saurait opérer après la cession d'une créance qui perd, par là même, son caractère réciproque.

La conception étroite de la compensation retenue par le Code a été battue en brèche par la jurisprudence. Cette dernière s'est évertuée à faire glisser la compensation de son rôle traditionnel de paiement vers celui de garantie. La transition résulte de l'introduction par les juges du critère de connexité facilitant la compensation des créances. Alors que la compensation de droit commun est prohibée lorsqu'elle porte atteinte aux droits acquis à des tiers, il en va différemment de la compensation spéciale des dettes connexes qui déroge largement aux dispositions légales.

Après avoir inventorié les hypothèses où la compensation s'opère au préjudice des droits acquis à des tiers, nous étudierons les fondements et les limites de cette compensation spéciale excluant le concours avec tout autre créancier.

PREMIÈRE PARTIE : LES HYPOTHÈSES DE COMPENSATION AU PRÉJUDICE DES DROITS DES TIERS

DEUXIÈME PARTIE : LES FONDEMENTS DE LA COMPENSATION AU PRÉJUDICE DES DROITS DES TIERS

LATINA (M.), *Essai sur la condition en droit des contrats*, préf. MAZEAUD (D.), LGDJ, 2009

La condition est un terrain d'étude classique du droit qu'il est difficile de renouveler. L'écoulement du temps a favorisé la circulation d'idées, par exemple que la condition serait une « modalité » de l'obligation.

On trouve la condition ailleurs que dans les contrats, car elle est susceptible d'affecter tout type d'acte juridique. Pour autant, la tâche étant déjà suffisamment ardue, la présente étude se limitera à la condition dans les contrats.

Deux acceptions principales émergent. La condition désigne, d'abord, la situation des personnes et des choses dans le monde (par ex., la situation des biens domaniaux). La condition est ici synonyme de statut. Ensuite, la condition désigne une circonstance dont l'existence est indispensable pour qu'un autre fait existe. Toutefois, il n'y a pas que la condition au sens technique du droit des obligations qui réponde de cette définition. Les « conditions » de validité du contrat y répondent également. Afin d'affiner la classification, on considère traditionnellement que la condition est une modalité de l'obligation qui en subordonne la perfection à la survenance d'un événement futur et certain.

En l'état du droit contemporain, la condition est considérée comme une notion fonctionnelle aux contours fuyants. Elle permet aux cocontractants de sécuriser leur engagement en introduisant dans le champ contractuel un motif les ayant poussés à conclure. On voit alors aussitôt surgir un conflit de frontière avec la cause considérée dans son versant subjectif. Quelle est la place de la condition vis-à-vis de la cause subjectivement considérée ? L'histoire nous enseigne que de tels conflits existaient déjà en droit romain entre les notions de *causa*, de *conditio*.

L'utilité de cette clarification n'est pas que théorique, car la condition est avant tout un instrument au service des praticiens. Se trouvent ainsi érigées en événement conditionnel des circonstances aussi diverses que l'obtention d'un prêt ou d'un permis de construire. Ce foisonnement doit être canalisé au risque que la condition se délite et ne remplisse plus l'exigence élémentaire de sécurité juridique.

Le premier temps de l'étude sera consacré à l'identification de la notion de condition. Cette analyse ouvrira la voie au second volet de l'étude consacré au jeu de la condition.

PREMIÈRE PARTIE : LA NOTION DE CONDITION

DEUXIÈME PARTIE : LE JEU DE LA CONDITION

MALLET-BRICOUT (Bl.),
La substitution de mandataire,
préf. LARROUMET (Chr.), éd. Panthéon-Assas, 2000

L'article 1994 du Code civil autorise le mandataire, indépendamment de l'autorisation du mandant, à se décharger de sa mission auprès d'un tiers. N'est-ce pas la plus belle preuve de confiance que de laisser le mandataire placer sa propre confiance dans celui qu'il souhaite associer à la réalisation de sa mission ? La confiance ne doit cependant pas permettre au mandataire de duper le mandant. Aussi la substitution de mandataire doit-elle ménager les multiples intérêts en présence.

La substitution de mandataire est l'opération dans laquelle une personne (mandataire substitué) s'engage auprès d'une autre personne (mandataire principal) à accomplir des actes déterminés au nom et pour le compte d'une troisième personne (le mandant). Trois contrats se superposent : le contrat de mandat, le contrat de substitution et, finalement, le contrat engageant, par représentation, le mandant auprès d'un tiers.

La lecture de l'article 1994 révèle que le législateur s'est concentré sur la question de la responsabilité des protagonistes de l'opération les uns à l'égard des autres. Ce texte n'interdit la substitution dans aucune hypothèse.

La substitution a donné lieu à d'importantes discussions lors des travaux préparatoires du Code civil. Le mécanisme était alors présenté comme une simple tolérance admise quand le mandataire était dans l'impossibilité de mener à terme sa mission. Après 1804, la jurisprudence s'est saisie de cette institution et y a découvert l'existence d'actions directes réciproques entre le mandant et le mandataire substitué.

Aucune étude d'ensemble ne s'est encore attachée à délimiter cette notion. Un premier recensement permettra de rendre compte des applications de la substitution de mandataire en droit positif. Il sera alors temps de procéder à l'étude du régime puis de la nature de ce singulier contrat. Cette inversion de l'analyse de la nature et du régime d'une institution ne doit pas surprendre. Le régime de la substitution de mandataire est bien moins incertain que sa nature. Après un exposé des applications de la substitution de mandataire, l'étude de cette institution nous conduira à analyser le triple rapport juridique unissant les protagonistes, ce qui nous conduira à affirmer que cette opération est multi-qualifiable.

CHAPITRE PRÉLIMINAIRE : LES APPLICATIONS DE LA SUBSTITUTION DE MANDATAIRE

PREMIÈRE PARTIE : UN TRIPLE RAPPORT JURIDIQUE

DEUXIÈME PARTIE : UNE OPÉRATION MULTI-QUALIFIABLE

B) Comment rédiger ?

89. Rédiger d'un trait avec les sources adéquates sous la main. Lors de la phase de rédaction, il faut s'assurer d'avoir avec soi un certain nombre de documents. En premier lieu, tous les documents pertinents scannés et classés dans un sous-dossier. Ces cinq ou six documents formeront la colonne vertébrale des deux ou trois paragraphes que vous allez rédiger ce jour-là. Il faut les avoir à portée de main pour s'y replonger aisément au besoin, les citer en note de bas de page ou encore, en extraire une citation. Ils sont vos matériaux de construction. En second lieu, vous devez vous munir de quatre documents utiles : un dictionnaire de français, un autre des synonymes, un dictionnaire juridique et, idéalement, le lexique des règles typographiques de l'Imprimerie nationale[36]. Ce corpus doit vous permettre de mener d'un trait la rédaction d'un ou plusieurs paragraphes, sans vous disperser.

90. Ne pas se laisser distraire. Il arrive que des idées surviennent lors de la rédaction. La confrontation des documents à votre disposition fait parfois jaillir une étincelle, une idée. L'esprit est alors prompt à vagabonder. Ces intuitions sont utiles et il ne s'agit pas de les ignorer. Pour autant, elles ne doivent pas vous déconcentrer de votre tâche. Le juste compromis semble être de noter immédiatement ces idées de façon succincte pour ne pas les perdre, puis de reprendre aussitôt votre ouvrage.

---

[36] Imprimerie nationale, *Lexique des règles typographiques en usage à l'Imprimerie nationale*, 3e éd., Imprimerie nationale, 2002.

91. Une idée, un paragraphe. Dans sa rédaction, l'étudiant procède par paragraphes numérotés. Chacun d'eux est un enclos qui renferme une idée. Pour le lecteur, c'est un moyen de commode de lire en diagonale. Au début du paragraphe, s'il voit que le développement ne l'intéresse pas, il passe immédiatement au suivant en sachant qu'aucune information pertinente pour ses recherches ne lui aura échappé. Ce découpage méthodique des idées s'avère très utile au moment des relectures. Le doctorant doit alors vérifier qu'un lien logique unit les idées les unes aux autres et qu'elles s'enchaînent avec fluidité.

Parfois, il arrive qu'une idée nécessite une page complète pour être exposée. Afin d'éviter que le lecteur se retrouve confronté à un bloc de lecture fastidieuse, l'étudiant peut recourir à une subdivision du paragraphe. Cette dernière est caractérisée par un retour à la ligne et un alinéa. Toutefois, s'agissant de la même idée, elle n'est pas affectée d'un numéro et son espacement avec son paragraphe de rattachement est restreint.

92. La clarté n'est pas qu'affaire de style. Le problème du doctorant provient souvent du fait qu'il est immergé dans son sujet. Or, il a tendance à considérer que son lecteur est dans le même état. Il procède donc par ellipse ; il omet des développements en pensant qu'il s'agit d'évidences ne méritant pas de s'y attarder. Ces raccourcis sont préjudiciables pour le lecteur. L'adage « cela va sans dire » doit être banni de la rédaction de la thèse. Rien ne va sans dire, tout doit résulter d'une logique manifeste et exprimée. Il est vrai que certains développements paraissent parfois, en raison de leur simplicité, prosaïques. Toutefois, il ne faut pas oublier qu'outre des docteurs, d'autres lecteurs seront amenés à se pencher sur votre ouvrage. Il peut s'agir de jeunes juristes qui rédigent un mémoire, ou bien d'autres chercheurs issus de disciplines différentes souhaitant trouver un complément utile à leur travail dans le vôtre. Imaginez l'aridité de votre texte pour des profanes. Vous devez donc faire un effort pour que l'intégralité de votre travail soit compréhensible.

Évidemment, cette logique ne doit pas vous conduire à faire de chaque détail l'occasion d'un cours magistral. Toute argumentation s'appuie sur des accords implicites qui, en principe, ne doivent pas être de nouveau établis. Les vérités acceptées par tous servent de point de départ à votre analyse. Les connaissances étant cumulatives, vous ne pouvez faire la démonstration de chaque élément apporté dans votre thèse. C'est là affaire de bon sens. Certains éléments pourront être affirmés (en indiquant toutefois en note de bas de page une référence qui permettra à votre lecteur de creuser davantage la question s'il le souhaite, ou tout simplement vérifier l'information), d'autres devront en revanche faire l'objet d'une analyse minutieuse[37]. Pour les éléments de moindre importance, il est opportun de renvoyer le lecteur vers les notes de bas de page où il trouvera la bibliographie relative au point traité. En tout état de cause, votre lecteur doit trouver dans votre thèse les moyens de répondre aux questions qu'il se posera en vous lisant.

---

[37] BARIL (D.), *Techniques de l'expression écrite et orale*, 11e éd., Sirey, 2008, p. 88 : « Malgré ces accords implicites assez larges, il reste bien des points sur lesquels il faudra s'attarder pour convaincre. Précisément, ne pas insister sur ce qui paraît évident, prévoir au contraire de fortes argumentations pour ce qui sera vraisemblablement contesté, c'est avoir compris combien le choix des arguments est variable en fonction de la situation. »

Il ne doit jamais se retrouver esseulé devant un paragraphe abscons.

93. Éviter les ellipses. D'une façon générale, la trop grande présence d'ellipses dans un texte trahit deux écueils différents. Soit l'auteur s'est noyé dans son sujet et s'est enfermé dans une tour d'ivoire inaccessible. Il n'est plus alors capable de parler de son sujet qu'avec une poignée de spécialistes ou son directeur. Il est devenu incapable de transmettre une information intelligible au lecteur, de faire œuvre de pédagogie. D'autres fois, ces omissions sont une manière de cacher malhabilement des failles dans le raisonnement ou les connaissances du doctorant. Le chercheur doit lui-même avoir compris l'ensemble des éléments qu'il expose s'il souhaite faire œuvre de pédagogie. Or, comment prétendre transmettre une connaissance si l'on ne l'a pas soi-même comprise complètement ? Les lacunes de l'auteur risquent alors d'avoir des répercussions sur la compréhension du lecteur. Le doctorant ne doit pas ménager sa peine. Si le fil de son raisonnement implique, par exemple, de s'initier aux mécanismes de droit boursier qui lui sont totalement étrangers, il doit les aborder sans crainte. Il doit alors cerner l'essentiel utile à la compréhension de son raisonnement et surtout ne pas adopter un raccourci facile.

94. Ordre d'exposition des idées. Relativement à l'exposition de vos idées, pensez toujours à aller du simple au complexe et du général au particulier. De même, définissez les notions avant de les expliciter puis les illustrer. Mettez en évidence les principes avant d'afficher les exceptions ou les atténuations qui les frappent. Épuisez totalement une question avant de passer à la suivante. Vous n'aurez ainsi plus à y revenir par la suite, sauf éventuellement sous la forme d'un renvoi. La note de bas de page indique alors cf. (pour *confer*) suivi de *supra* (si l'idée est déjà développée en amont) ou *infra* (si l'idée va être développée en aval) et le numéro de paragraphe de renvoi (par ex., n° 24).

95. Lecture de votre travail par le directeur de recherche. Une fois les premières pages rédigées et minutieusement relues, il convient de se mettre d'accord avec son directeur de thèse afin de déterminer combien de pages peuvent lui être remises et avec quelle fréquence. Certains veulent des lots de quelques pages et d'autres, des parties entières. L'avantage des petits lots, c'est qu'ils permettent d'avoir des retours plus réguliers et d'amender en conséquence son style ou des erreurs trop fréquentes.

96. Les rebuts de la thèse. Au cours de vos recherches, vous avez pu accumuler une documentation conséquente sur un thème qui, après maintes reformulations du plan, s'avère finalement hors sujet. N'essayez surtout pas alors de le faire rentrer de force dans votre plan, ce serait l'assurance certaine de verser dans la digression. Inversement, il ne faut pas jeter cette documentation cohérente réunie autour d'un petit thème. Songez alors à l'après-thèse. Ces rebuts peuvent tout à fait constituer les prémisses d'un article.

C) Aspects formels et typographiques

97. Dans cette subdivision seront étudiés les règles générales de mise en forme et certains signes typographiques singuliers **(1)**. Parmi ces derniers, les guillemets feront l'objet d'une analyse séparée, car ils posent la délicate question de la citation d'auteur **(2)**.

1- Règles de mise en forme

98. Nous proposons ici de faire une mise au point sur certains aspects formels de la thèse, sous la forme d'un inventaire à la Prévert en commençant par la mise en page **(a)**, puis l'italique **(b)**, les néologismes **(c)**, les sigles et acronymes – d'usage fréquent en droit – **(d)**, les astérisques **(e)** et, enfin, les césures des mots **(f)**.

a. Mise en page

99. Police. Choisissez de préférence la police Times New Roman, taille 12, interligne 1,5, en justifiant le texte. Dans les paramètres avancés de la police, vous pouvez également prévoir un espacement étendu de 0,3 pt, ce qui aère le texte et rend la lecture plus aisée.

Pour les notes infrapaginales, utilisez la police Time New Roman, taille 10. Un alinéa de 0,4 cm permet de mieux les distinguer les unes des autres. Interligne 1,5 et espacement internotes de 0,3 ligne. Sélectionnez ensuite le signet « paragraphe », puis « enchaînements » et cochez « évitez veuves et les orphelines » ainsi que « lignes solidaires ».

100. Paragraphes. Les paragraphes peuvent débuter par un alinéa avec un écart de 0,7 cm. Le passage d'un paragraphe numéroté à l'autre peut comprendre un espacement « avant » de 12 pt. Un sous-paragraphe sans numéro peut être espacé de 5 pt seulement avec son paragraphe numéroté de rattachement.

Sélectionnez l'option « paragraphe », puis « enchaînements » et enfin, cochez « évitez veuves et les orphelines ». Cette option évitera que la dernière ligne soit imprimée seule en haut d'une page ou, au contraire, qu'une première ligne soit esseulée en bas d'une page. Exemple de mise en forme :

Idée 1. Texte, texte.

Idée 2. Texte, texte.

Déclinaison idée 2. Texte, texte.

101. Marges. Les marges sont les quatre bandes blanches encadrant la surface imprimée d'une page (tête de page, pied de page et marges intérieures et extérieures). La marge intérieure doit être légèrement plus grande que les autres afin de compenser la rognure qu'entraîne la reliure lors de l'impression. Laissez 3 cm de marge sur la gauche et 2,5 cm partout ailleurs.

102. Pagination. Vous pouvez placer les numéros en haut de page et à droite. En principe, les numéros n'apparaissent qu'à partir de la quatrième page, à savoir lors de la présentation des principales abréviations. Cela signifie que la page titre, la ou les page(s) de garde, les remerciements, la page relative aux opinions de l'auteur ainsi que l'éventuelle épigraphe en sont dépourvus.

b. Italique

103. Langues étrangères. L'apparition de termes ou de phrases en langue étrangère, y compris le latin, doit ressortir clairement du reste du texte. À cette fin, on fait traditionnellement usage de l'*italique*.

Par exemple : « si cette figure juridique a pu être rapprochée de notions voisines telles que le contrat de *consortium* ou de *joint venture*, il semble préférable de lui attribuer l'épithète de contrat *sui generis* devant sa fortune au principe du consensualisme. »

104. Cas particuliers. Trois cas particuliers doivent être soulevés. D'abord, celui des titres en italique comprenant un terme étranger. Afin qu'il ressorte avec clarté du reste du titre, on le met en typographie romaine. Par exemple :

Paragraphe 1 : De la corporate governance *au gouvernement d'entreprise*

Ensuite, l'autre exception concerne des mots en français au milieu d'une phrase en langue étrangère. Dans cette hypothèse, afin que le terme français ressorte bien du reste de la phrase, on le basculera en typographie romaine.

Enfin, l'italique peut servir à mettre en relief un mot-clef ou un passage important que l'auteur souhaite mettre en évidence.

Par exemple : « quant à l'objet du contrat, il s'agit d'une notion ambivalente désignant tantôt l'*opération juridique* envisagée dans sa globalité et tantôt la *chose* ou la *prestation* relativement à laquelle le contrat est conclu. »

c. Néologismes

105. Du bon usage des néologismes. Il faut éviter le recours abondant aux néologismes et n'utiliser que des mots référencés dans un dictionnaire récent. Toutefois, cette remarque doit être immédiatement nuancée. Comme nous l'avons dit, le droit est un langage spécifique. Vos recherches vous amèneront sans doute à utiliser un jargon propre au droit et qui n'est pas nécessairement référencé dans les dictionnaires classiques (par exemple : illicéité, obligatoriété, effet obligationnel, etc.). D'autres fois, vous ne pourrez faire autrement que de recourir à un terme forgé par la doctrine pour expliquer une idée précise qu'aucun autre mot, sinon une périphrase, ne saurait embrasser. Dans ce cas, mettez le terme entre guillemets et indiquez en note de bas de page la provenance de cette notion d'emprunt. Reste l'hypothèse où c'est vous-même qui allez créer un néologisme. Dans ce cas, l'utilisation de ce mot ne peut aller de soi. Elle nécessite une explication et une justification complètes.

d. Sigles et acronymes

106. Distinction. Un sigle est un ensemble d'initiales épelées. Par exemple, pour responsabilité sociale de l'entreprise, on recourt volontiers au sigle RSE. En principe, s'agissant d'une abréviation, il faudrait que chaque lettre soit suivie d'un point rappelant la troncature, mais il est aujourd'hui d'usage de supprimer les points abréviatifs dans les sigles (LGDJ au lieu de L.G.D.J.). Lorsqu'un sigle est prononcé comme un mot, par exemple Unesco, il devient un acronyme. Il est très utile de recourir aux sigles et acronymes, toutefois, ils ne peuvent jamais être employés directement. L'introduction d'un sigle suppose de l'accoler une première fois à l'expression complète avant de pouvoir l'utiliser directement. Pour un premier usage de RSE, on dira donc : « La responsabilité sociale des entreprises (RSE) est une notion récente… ».

e. Astérisques

107. Usages. Les astérisques sont parfois utilisés en guise d'appel de note. Cet usage est toutefois écarté dans les travaux universitaires qui peuvent comprendre plus de trois notes infrapaginales par pages. Dans les travaux juridiques, on trouve parfois trois astérisques formant un triangle pour séparer les titres. En typographie on parle de *cul-de-lampe*, c'est-à-dire d'un ornement placé en bas d'une page de fin de chapitre ou de livre.

*

*   *

f. Césure des mots

108. Méthode. La division de certains mots situés en fin de ligne permet de réduire de trop grands espacements. Inversement, elle peut permettre d'aérer les phrases lorsqu'elles sont trop resserrées par la justification du texte. Le signe utilisé est le (-) qui sert également à marquer les traits d'union. La césure à privilégier est celle de nature syllabique plutôt qu'étymologique[38]. C'est une opération qu'il convient de faire en fin de rédaction afin d'éviter que l'apport de nouvelles phrases ne décale l'ensemble des mots comportant une césure au beau milieu d'une ligne.

2- Guillemets et citation d'auteur

109. Les guillemets sont un signe de ponctuation permettant principalement de faire une citation d'auteur. Leur étude nous permet de faire le point sur le risque de plagiat encouru par le chercheur **(a)** et les règles à suivre pour éviter d'y sombrer **(b)**.

---

[38] Sur le bon usage des césures, cf. CLÉMENT (J.-P.), *Dictionnaire typographique ou petit guide du tapeur à l'usage de ceux qui tapent, saisissent ou composent textes, thèses ou mémoires à l'aide d'un micro-ordinateur*, éd. ellipses, 2005, p. 64 et s., *v°* Césure ou Division de mot.

a. Le risque de plagiat

110. Notion de plagiat. À force de lire des documents divers, l'étudiant s'imprègne du sujet. Parfois, ses idées en viennent à se confondre avec celles d'auteurs lus et le doctorant finit par ne plus savoir si l'idée a germé dans son esprit ou dans celle d'un autre. Au moment de rédiger, il craint alors naturellement de verser dans le plagiat. Cette pratique consiste à s'approprier l'œuvre d'autrui par confusion de paternité. Le plagiat n'est pas directement réglementé par le droit français qui ne l'appréhende qu'indirectement sous l'angle de la contrefaçon permettant de sanctionner pénalement la violation d'un droit d'auteur.

111. La contrefaçon. Les idées sont en principe de libre parcours. Pour devenir une œuvre de l'esprit protégée par le droit, l'idée doit recouvrir une forme originale. Le droit d'auteur protège uniquement la création. En matière littéraire, il s'agit de la cristallisation d'une idée par écrit. La reprise de l'expression ou de la forme dans laquelle cette idée ou ce thème sont exprimés est qualifiée de contrefaçon. Il peut s'agir d'une reproduction *in extenso* d'un morceau de l'œuvre, on parle alors de copie servile, ou bien d'une imitation. Selon l'article L. 122-4 du Code de la propriété intellectuelle, est assimilée à la reproduction servile la « transformation, l'arrangement ou la reproduction par un art ou un procédé quelconque. » La copie d'une œuvre originale demeure sanctionnée nonobstant les artifices ou les modifications mineures destinés à brouiller les pistes.

112. Sanction disciplinaire. En cas de plagiat avéré, le conseil d'administration de l'université du doctorant, siégeant alors en formation disciplinaire, peut sanctionner le fautif[39]. La sanction disciplinaire peut aller jusqu'à l'exclusion définitive de tout établissement public d'enseignement supérieur. Cette décision est susceptible d'appel devant le Conseil national de l'enseignement supérieur et de la recherche. En dernier lieu, le Conseil d'État est le juge de cassation.

113. La charte européenne du chercheur. À propos des chercheurs, la charte européenne précise qu'ils doivent s'« assurer que leurs travaux de recherche sont utiles à la société et ne reproduisent pas des recherches effectuées ailleurs précédemment. Ils évitent tout type de plagiat et respectent le principe de la propriété intellectuelle et de la propriété conjointe des données en cas de recherche effectuée en collaboration avec un ou plusieurs directeurs de thèse/stage et/ou d'autres chercheurs. La nécessité de valider les observations nouvelles en montrant que les expériences sont reproductibles ne devrait pas être interprétée comme du plagiat, à condition que les données à confirmer soient explicitement citées[40]. »

114. Sanction sociale. Outre ces sanctions juridiques, il en est une autre, d'ordre social, non

---

[39] Sur ce point, v. MORET-BAILLY (J.), « Plagiat et déontologie académique », *in* GUGLIELMI (G. J.) et KOUBI (G.) (dir.), *Le plagiat de la recherche scientifique*, LGDJ, 2012, p. 29.

[40] Commission européenne, *Recommandation du 11 mars 2005 concernant la charte européenne du chercheur et un code de conduite pour le recrutement des chercheurs*, 2005/251/CE, *JOUE*, 22 mars 2005, L. 75/67, spéc. p. 4 et s.

moins accablante. Il s'agit de la rumeur de plagiat pesant sur un auteur et qui peut le poursuivre longtemps dans sa carrière... Cela étant dit, citer vos sources d'inspiration relève avant tout d'un devoir d'honnêteté intellectuelle. Le chercheur apporte une simple pierre à l'édifice. La démonstration qu'il fait s'appuie nécessairement sur les travaux d'autres auteurs avant lui. Ses idées sont nées du croisement heureux de celles avancées par d'autres chercheurs avant lui. Le savoir est cumulatif, l'idée novatrice qu'apporte un auteur prend naissance sur le terreau fertile de ses prédécesseurs. Il faut donc rendre hommage à ses pairs et ne pas s'attribuer un mérite qui n'est pas le sien.

b. Règles à suivre pour éviter le plagiat

115. Restrictions du droit d'auteur. Le droit d'auteur connaît quelques limitations, notamment en matière de recherche scientifique[41]. L'article L. 122-5, 3° du Code de la propriété intellectuelle dispose que l'auteur ne peut interdire, sous réserve que soient indiqués clairement le nom de l'auteur et de la source, les analyses et courtes citations justifiées par le caractère critique, polémique, pédagogique, scientifique ou d'information de l'œuvre à laquelle elles sont incorporées. Il s'agit, pour ce qui nous concerne, d'une représentation partielle de l'œuvre à l'identique destinée à illustrer le propos d'une seconde œuvre, celle du doctorant.

[41] *JCl. Propriété littéraire et artistique*, fasc. 1248, « Droits des auteurs. Droits patrimoniaux. Exceptions au droit exclusif (CPI art. L. 122-5 et L. 331-4) », [par LUCAS (A.)].

Même en l'absence de contrefaçon, l'auteur d'une œuvre scientifique ayant servi de « source d'inspiration » à une œuvre postérieure a, au titre de son droit moral décliné en droit à la paternité, le droit d'être cité. Serait donc l'auteur d'une faute délictuelle celui qui omettrait d'indiquer un ouvrage dont il s'est inspiré.

116. Règles de fond. Deux règles doivent être retenues selon que l'on emprunte simplement une idée à un auteur, en la reformulant avec nos propres mots, ou bien que l'on reprenne directement des passages de son œuvre.

Dans le premier cas, on peut se contenter d'indiquer la référence d'où provient l'idée en note de bas de page. Le lecteur est ainsi avisé de la paternité de l'idée. Surtout, s'il souhaite approfondir ce point, il saura où chercher. En indiquant la référence en note de bas de page, le doctorant fait preuve d'honnêteté intellectuelle autant qu'il sert son lecteur.

Dans le second cas, on emprunte directement les propos d'un autre. On recourt alors à la citation d'auteur. Cela advient dans plusieurs hypothèses. D'abord, lorsqu'une formule percutante permet de résumer l'idée en quelques mots. Cette phrase vient alors couronner un raisonnement. Ensuite, on utilise les paroles d'un auteur lorsqu'il est parvenu à enfermer avec justesse une idée dans une phrase. Quelle que soit la façon dont on tourne les choses, sa formule est la meilleure. En dehors de ces deux cas, il vaut mieux reformuler les idées d'un auteur avec ses propres mots afin de s'assurer de leur concordance avec le reste du propos. Mettre des citations les unes à la suite des autres donne une désagréable impression de patchwork inélégant.

117. Règles formelles. La citation répond à quelques règles formelles qu'il est nécessaire de rappeler. Partons d'une phrase complète que l'on souhaite citer : « il y a stipulation pour autrui lorsque, dans un contrat, une des parties, appelées le *stipulant*, obtient de l'autre, appelée le *promettant*, l'engagement qu'elle donnera ou fera quelque chose au profit d'un tiers étranger, le *bénéficiaire*, qui devient ainsi créancier sans avoir été partie au contrat[42]. » En l'espèce, le texte initial comprend des termes en italique qu'il convient de conserver dans la citation. Parfois, il arrive que le doctorant cite un document et souligne lui-même un terme clef pour bien le faire ressortir aux yeux du lecteur. Dans cette hypothèse, puisqu'il s'agit d'un ajout au texte initial, il faut le signaler en note de bas de page en indiquant entre parenthèses « (souligné par nous) ».

118. Citation dans le corps du texte. Il arrive que le doctorant veuille insérer la citation dans le corps du texte de sa thèse afin d'en rendre la lecture plus fluide. Dans ce cas, quelques aménagements doivent être apportés à la citation.

Par exemple, la stipulation pour autrui est caractérisée lorsque l'« une des parties, appelée le *stipulant*, obtient de l'autre, appelée le *promettant*, l'engagement qu'elle donnera ou fera quelque chose au profit d'un tiers étranger, le *bénéficiaire* », etc. Dans cet exemple, la phrase citée a été tronquée au début et à la fin.

[42] TERRÉ (Fr.), SIMLER (Ph.) et LEQUETTE (Y.), *Droit civil. Les obligations*, 11e éd., Dalloz, 2013, p. 514.

Il est également possible de tronquer la phrase en son milieu, les points de suspension seront alors encadrés de crochets.

Par exemple, la stipulation pour autrui est caractérisée lorsque l'« une des parties [...] obtient de l'autre [...] l'engagement qu'elle donnera ou fera quelque chose au profit d'un tiers étranger, le *bénéficiaire*, qui devient ainsi créancier sans avoir été partie au contrat. »

Il est également possible de modifier une citation afin qu'elle concorde avec le reste de la phrase.

Par exemple, au terme de la stipulation pour autrui l'« une des parties, appelées le *stipulant*, obtient de l'autre, appelée le *promettant*, l'engagement [de donner] ou [de faire] quelque chose au profit d'un tiers étranger, le *bénéficiaire*, qui devient ainsi créancier sans avoir été partie au contrat. »

119. La citation d'un texte en langue étrangère. D'une façon générale, il est recommandé de traduire les textes de langue étrangère en français afin de les rendre accessibles au lecteur. Ce travail est évidemment facilité lorsque le texte a été initialement rédigé puis traduit dans plusieurs langues, dont le français. C'est notamment le cas des travaux des organes de l'Union européenne. Les choix de traduction peuvent alors faire l'objet de développements dans votre travail. Dans les autres hypothèses, le doctorant va devoir se prêter à l'exercice périlleux de la traduction : *traduttore, traditore* (traduire, c'est trahir). Afin de s'assurer que la traduction ne verse pas dans l'interpolation, l'aspirant docteur sera bien avisé de mettre en note de bas de page la citation dans sa langue originale. Le lecteur aura ainsi tout le loisir de vérifier la pertinence de la traduction retenue. Le passage cité en langue étrangère est en italique et entre guillemets.

Par exemple, selon les termes du rapport *CADBURY*, il faut considérer que « *the shareholders as owners of the company elect the directors to run the business on their behalf and hold them accountable for its progress.* »

120. La citation de deuxième rang. Parfois, une citation inclut elle-même une citation. Cet enchâssement entraîne un risque de confusion. Pour bien distinguer les deux, on utilise pour la première citation les guillemets typographiques (« »). Pour la citation de second rang, on emploie les guillemets anglais recourbés ouvrants et fermants (" ").

Par exemple : un auteur relève avec verve que « "l'intégration volontaire de préoccupations sociales" évoque les promesses d'ivrognes jurant à la cantonade qu'ils vont cesser de boire demain, plutôt que la responsabilité au vrai sens du mot[1]. »

Section II : Les notes infrapaginales

121. Les notes infrapaginales sont des lignes situées en dessous et en complément du corps du texte **(A)**. Elles sont caractérisées par leur *précision* et leur *concision.* Afin d'assurer ce dernier objectif, on y trouve des abréviations en abondance **(B)**.

A) Recours aux notes infrapaginales

122. Utilité des notes infrapaginales. Le rejet d'un propos en note de bas de page permet d'alléger le corps du texte tout en faisant apparaître au bas de la page des informations qui pourraient intéresser certains lecteurs. On y recourt généralement pour :

- fournir une explication complémentaire ou une définition ;
- commenter une assertion ;
- éviter de répéter des éléments textuels ou des arguments déjà formulés ailleurs ;
- renvoyer à une autre partie du texte ;
- apporter des éléments de comparaison à ceux avancés dans le corps du texte ;
- donner la référence d'une idée empruntée, d'une citation, d'une définition, d'un texte règlementaire, d'une décision de justice ;
- apporter une opinion différente ou contraire à celle exposée dans le corps du texte ;
- indiquer le texte original d'une traduction présente dans le corps du texte.

123. Forme des notes de bas de page. Les juristes ont facilement recours à la note de bas de page ; c'est moins le cas dans d'autres disciplines – notamment l'économie –, qui emploient plus volontiers la méthode de « l'auteur-date » dans le corps même du texte. Cette dernière consiste à insérer la référence utile dans le corps même du texte.

Par exemple : (ROMI (R.), 2011, p. 12). Pour connaître la référence complète, le lecteur doit alors se rendre à la bibliographie où il trouvera : ROMI (R.), *Méthodologie de la recherche en droit. Master et doctorat*, 2e éd., Litec, 2011.

Cette méthode a pour avantage de réduire considérablement le volume des notes de bas de page et donc de l'ouvrage en général. Cependant, outre le fait qu'elle ne soit pas utilisée en droit, elle a pour inconvénient d'imposer au lecteur de se référer systématiquement à la bibliographie en fin d'ouvrage, ce qui s'avère parfois dissuasif.

124. L'appel de note. Il s'agit du signe qui invite le lecteur à se reporter en bas de page. Le signe le plus couramment utilisé est un chiffre en exposant, sans parenthèses : [1]. L'appel précède toujours le signe de ponctuation. Il est directement accolé au mot ou à l'expression auquel il se rapporte. En fin de phrase, on le place avant le point final tout en laissant le point d'abréviation du mot qui le précède. Notez également qu'en cas de citation d'un auteur, l'appel se place avant le dernier guillemet fermant.

… caractérisés par divers critères, dont l'âge, la taille, etc.[1].

Selon un auteur, « l'entreprise est rebelle à toute définition[1]. »

125. Pagination des notes. Prévoyez de paginer les notes par pages. Cela évite de vous retrouver avec des notes longues à la fin de votre travail.

B) Abréviations dans les notes

126. Pour comprendre l'intérêt des abréviations, il faut revenir sur leur fonction **(1)**. Nous pourrons alors présenter certains cas particuliers **(2)**.

1- Fonction des abréviations

127. La définition des abréviations **(a)** précède la présentation de celles que l'on retrouve généralement dans les ouvrages de droit **(b)**.

a. Définition des abréviations

128. Abréger un mot consiste à le raccourcir afin d'économiser de la place. Le mot tronqué est alors affublé d'un point abréviatif. Principalement employé dans les notes infrapaginales, ce procédé apparaît exceptionnellement dans le corps même du texte (par exemple, l'abréviation « etc. » pour *et caetera*).

Lorsque l'abréviation se termine par la dernière lettre du mot (par exemple, D^{r} pour docteur), on n'ajoute pas de point abréviatif. En général, les abréviations ne prennent pas la marque du pluriel. On note toutefois quelques exceptions, selon que l'on double l'initiale (MM. pour messieurs) ou que l'on ajoute un *s* final (M^{es} pour maîtres).

129. Pour le juriste doctorant, les abréviations vont surtout permettre de réduire le volume de l'appareillage scientifique présent dans les notes de bas de page. C'est sous cet angle que nous étudierons les abréviations.

b. Liste d'abréviations

130. L'Université Paris-Assas dresse une liste conséquente d'abréviations utiles aux juristes sur son site Internet. D'une façon générale, le doctorant consultera avec profit les listes des principales abréviations en tête des thèses qu'il sera amené à lire. La lecture des travaux similaires à celui que vous devez composer est une source précieuse d'informations. En cas de doute, observez et lisez les thèses.

Il ne va pas être question ici de dresser une liste aussi exhaustive que fastidieuse des abréviations utilisées en droit. Nous allons plutôt indiquer au lecteur les principales et, surtout, expliquer comment les employer dans les notes de bas de page. On doit éviter les abréviations dans le corps du texte et les réserver plutôt aux notes infrapaginales ou aux commentaires entre parenthèses.

Adde : ajouter. Il s'agit d'une locution latine qui introduit une lecture ou une référence générale complémentaire. Par exemple, en note de bas de page, on peut trouver :

[23] À propos de cette figure juridique, v. DOCKÈS (E.), « L'engagement unilatéral de l'employeur », *Dr. soc.* 1994, p. 227. – *Adde*, pour une application de la notion dans les prétoires, v. Cass. soc., 25 nov. 2003, n° 01-17.501, *Bull.* V, n° 294 ; *D.* 2004, p. 2395, note

OMARJEE (I.) ; *JCP G* 2004, I, 163, note VINEY (G.) ; *RTD civ.* 2004, p. 733, obs. FAGES (B.) et MESTRE (J.).

al. : alinéa.

alii ou « et *alii* » : et autres, parfois indiqué « et al. », mais on risque alors de le confondre avec l'abréviation du mot *alinéa*. L'expression « et *alii* » permet de limiter le nombre d'auteurs cités dans la note de bas de page. Jusqu'à trois auteurs, il convient de les citer tous. Au-delà, on peut se contenter de citer le premier et d'écrire « et *alii* ». Cela permet de réduire le volume des notes. Cependant, l'expression ne s'emploie pas dans la bibliographie qui doit comprendre les références complètes aux sources employées. On ne doit donc pas retrouver de « et *alii* » en bibliographie.

art. : article.

bull. : bulletin.

c.-à-d. : c'est-à-dire. Cette abréviation ne doit être utilisée qu'en note de bas de page. Elle doit être préférée à son équivalent latin *i. e.* pour *id est*.

cf. : *confer*, comparez avec.

chap. : chapitre.

circ. : circulaire.

C. civ. : Code civil.

C. pén. : Code pénal.

C. proc. civ. : Code de procédure civile.

C. trav. : Code du travail.

coll. : collection. Certains ouvrages ou ouvrages collectifs paraissent dans des bibliothèques spécifiques créées par une maison d'édition. Il est d'usage de ne pas la préciser à l'occasion d'une note de bas de page, mais plutôt dans la bibliographie.

(dir.) : direction. Permet de signaler le directeur scientifique d'un ouvrage collectif ou le directeur d'une thèse non publiée :

REVET (Th.), « La détermination unilatérale de l'objet dans le contrat », *in* JAMIN (Chr.) et MAZEAUD (D.) (dir.), *L'unilatéralisme et le droit des obligations*, Economica, 1999, p. 39.

AMAUGER-LATTES (M.-C.), *L'irréductible pouvoir disciplinaire : principes généraux du droit pénal et du droit disciplinaire dans l'entreprise privée*, (dir.) DESPAX (M.), th. Toulouse I, 1992, p. 85.

éd. : édition, éditeur. Ce terme renvoie en premier lieu à la maison d'édition qui publie l'ouvrage. Il faut toutefois noter que les maisons d'édition classiques du droit ne sont pas précédées de cette abréviation. Ainsi, il n'est pas utile de mettre « éd. » lorsque la maison d'édition est Dalloz, Litec ou encore LGDJ. Elle est en revanche nécessaire pour les maisons d'édition moins connues en droit ou encore pour des maisons d'édition notoires, mais qui ne publient que rarement en droit. Dans certaines publications, vous trouverez la référence du lieu d'édition, par exemple, « Paris : LGDJ » ou « Paris : Gallimard ». Sachez que cette information est facultative. Nous vous recommandons de ne pas la faire figurer, car si vous le faites pour une maison d'édition, le principe de cohérence vous impose de le faire pour toutes les autres, ce qui peut parfois s'avérer tout simplement impossible à réaliser. En second lieu, l'abréviation « éd. » désigne le numéro de l'édition, c'est-à-dire de la matrice publiée par un éditeur :

Aimée Mouthieu (M.), *L'intérêt social en droit des sociétés*, préf. Pougoue (P. G.), éd. l'Harmattan, 2009.

Terré (Fr.), Simler (Ph.) et Lequette (Y.), *Droit civil. Les obligations*, 11e éd., Dalloz, 2013.

1re (première), 1er (premier), 2e, 3e... Les numéros doivent être ainsi abrégés. Ils servent tout aussi bien pour les chambres de la Cour de cassation (Cass. 1re civ.), que pour les éditions d'un ouvrage (2e éd.).

etc. : *et cetera*, et tout le reste. Bien qu'il s'agisse d'une locution latine, cette expression est entrée dans la langue courante et s'écrit désormais en romain plutôt qu'en italique. Cette abréviation est toujours précédée d'une virgule et d'un point abréviatif, mais jamais de points de suspension.

ex. : exemple. À n'utiliser que dans les notes de bas de page ou dans le corps du texte dans une parenthèse.

fasc. : fascicule.

ibid. : *ibidem*, « là même ». On emploie ce raccourci pour renvoyer le lecteur à une référence mentionnée dans la note *immédiatement* supérieure.

id. : *idem*, le même. Ce raccourci permet d'éviter la répétition du nom d'un auteur déjà mentionné dans la note *immédiatement* supérieure

in : dans. Permet d'introduire l'ouvrage collectif où se situe la contribution référencée.

cité *in* : cité dans. S'emploie lorsque la citation n'est pas de première main.

loc. cit. : *loco citato*, passage cité.

N.B. : *nota bene*.

n^{o}, n^{os} : numéro/numéros. Notez qu'il s'agit bien de la lettre *o* mise en exposant et non du signe employé pour les degrés « ° ».

op. cit. : *opere citato*, dans l'œuvre citée. S'utilise pour éviter de répéter la référence à un ouvrage déjà cité dans une note antérieure. On emploie ce raccourci uniquement pour les ouvrages. En effet, les thèses et les articles ont leurs propres raccourcis, respectivement « th. préc. » et « art. préc. ».

p. : page (s). Il faut éviter le doublement de signes ou de lettre pour indiquer la pluralité. On écrira donc p. 100-112 et non pp. 100-112.

sic : ainsi. S'emploie entre parenthèses dans une citation. Il permet de citer un texte sans le modifier, en signalant toutefois l'existence d'une erreur. Par exemple : « Les institutions européennes ont mise (*sic*) en place un fichier complet. »

t. : tome.

trad. : traducteur, traduction.

vol. : volume.

2- Utilisations spécifiques des abréviations

131. Les abréviations sont employées lors de renvois à des références déjà citées **(a)**, ainsi que pour réduire les noms et prénoms d'auteurs **(b)** et, enfin, afin de condenser les titres des revues juridiques **(c)**.

a. Renvoi à des références précitées

132. Au cours de votre rédaction, il vous arrivera régulièrement de recourir à la même source pour étayer des propos éparpillés dans tout votre ouvrage. Autrement dit, une même source peut être employée à plusieurs reprises. Un système de raccourcis permet de réduire le volume des notes infrapaginales en évitant la répétition exhaustive de références bibliographiques déjà citées.

133. Les raccourcis ne sont utilisés que lorsque la même référence est réemployée à quelques pages d'intervalle. Au-delà de 5 à 10 pages, il n'est plus possible de recourir à un tel raccourci, car cela imposerait au lecteur une fastidieuse recherche dans les pages précédentes. Imaginez la première référence à une thèse qui apparaîtrait en page 12 de votre ouvrage et la seconde, en version raccourcie, en page 270. Au-delà de 5 à 10 pages d'écart, il convient de donc citer à nouveau *in extenso* la référence bibliographique employée.

134. Lorsqu'un même ouvrage apparaît à quelques pages d'intervalle, il convient de le raccourcir ainsi :

À la page 12 de votre thèse, on trouve cette référence en note de bas de page :

12

[1] TERRÉ (Fr.), SIMLER (Ph.) et LEQUETTE (Y.), *Droit civil. Les obligations*, 11e éd., Dalloz, 2013, p. 250.

Si cet ouvrage est à nouveau cité en page 15 de votre thèse, dans ce cas, on le raccourcit ainsi :

15

[6] TERRÉ (Fr.), SIMLER (Ph.) et LEQUETTE (Y.), *op. cit.*, p. 100.

Si la page de référence avait été exactement la même, c'est-à-dire la page 250, alors on aurait raccourci ainsi :

15

[6] TERRÉ (Fr.), SIMLER (Ph.) et LEQUETTE (Y.), *op. cit. & loc. cit.*

135. Prenons à présent le cas d'une référence identique dans une même page, mais dans deux notes infrapaginales différentes.

[1] TERRÉ (Fr.), SIMLER (Ph.) et LEQUETTE (Y.), *Droit civil. Les obligations*, 11e éd., Dalloz, 2013, p. 250.

[2] *Ibid.*, p. 320.

[3] *Ibid.*

Si la note 2 reprend exactement la même référence que la note 1, mais renvoie à une pagination différente, on la raccourcit ainsi : *Ibid.*, p. 320. Si la note 3 reprend exactement la même référence et la même pagination que la note 2, alors on indique tout simplement *Ibid.*

136. Toujours dans une même page, mais avec l'interposition d'une note entre les deux références identiques :

[1] TERRÉ (Fr.), SIMLER (Ph.) et LEQUETTE (Y.), *Droit civil. Les obligations*, 11e éd., Dalloz, 2013, p. 250.

[2] GATSI (J.), *Le contrat-cadre*, préf. BEHAR-TOUCHAIS (M.), LGDJ, 1996, p. 22.

[3] TERRÉ (Fr.), SIMLER (Ph.) et LEQUETTE (Y.), *ibid.*, p. 320.

Dans ce cas, il faut bien redonner le nom des auteurs. La présence d'un « *ibid.* » seul signifierait un renvoi à la thèse de M. GATSI.

137. Nous sommes toujours dans une même page. L'auteur cité est le même, mais il s'agit de deux références différentes.

[1] CARBONNIER (J.), *Sociologie juridique*, 2e éd., PUF, 2004, p. 308.

[2] *Id.*, « L'hypothèse du non-droit », *Arch. phil. dr.*, Sirey, 1963, t. 8, p. 55.

138. Voici un petit cas pratique qui vous permettra de vous familiariser avec la méthode.

15

[1] KOJÈVE (A.), *Esquisse d'une phénoménologie du droit*, éd. Gallimard, 2007, p. 32.

[2] CARBONNIER (J.), *Sociologie juridique*, 2e éd., PUF, 2004, p. 308.

[3] AUZERO (G.), « La vie des conventions et accords collectifs de groupe », *RDT* 2006, p. 230.

[4] TEYSSIÉ (B.), « Nature des accords portant création anticipée d'instances européennes de représentation du personnel », *JCP E* 1996, I, 526.

16

[1] Cass. soc., 17 avr. 1991, n° 90-42.636, *Bull.* V, n° 201 ; *JCP G.* 1991, II, 21724, note SÉRIAUX (A.) ; *RTD civ.* 1991, p. 706, note HAUSSER (J.) ; *Dr. soc.* 1991, p. 485, note SAVATIER (J.) ; *RJS* mai 1991, p. 297.

[2] KOJÈVE (A.), *op. cit.*, p. 54.

[3] CARBONNIER (J.), *op. cit.*, p. 400.

[4] *Id.*, « L'hypothèse du non-droit », *Arch. phil. dr.*, Sirey, 1963, t. 8, p. 55.

17

[1] KOJÈVE (A.), *op. cit. & loc. cit.*

[2] CARBONNIER (J.), art. préc., p. 62.

139. Prénoms. Afin de raccourcir le volume des notes de bas de page, il est d'usage d'abréger le prénom des auteurs cités. On procède alors par apocope en supprimant la droite du mot. Dans la majorité des cas, seule la première lettre du prénom en capitale sera maintenue (par ex., Olivier devient O.). Il existe toutefois des exceptions. La première concerne les prénoms débutant par deux consonnes formant un son unique, c'est-à-dire un digramme. Dans ce cas, il est d'usage de conserver les deux premières consonnes (par ex., François devient Fr. et Charles devient Ch.). La seconde exception a trait aux cas dans lesquels la consonne initiale ou le digramme est immédiatement suivi de la lettre *l* ou *r*. Dans ce cas, ces dernières sont également conservées (par ex., Christine devient Chr.).

140. Prénoms composés. À propos des prénoms composés, les règles ci-dessus s'appliquent. On abrège alors chacun des prénoms puis on les lie par un trait d'union (par ex., Jean-Claude devient J.-Cl.). Les prénoms multiples suivent la même règle, à ceci près qu'ils ne prennent pas de trait d'union (par ex., François Guy devient Fr. G.).

141. Auteurs anonymes. Dans cette hypothèse, la règle à suivre est simple, le doctorant se contente d'indiquer directement le titre du document. Dans la bibliographie, il pourra réunir ces documents anonymes sous l'onglet « anonyme » ou « divers ». Pour les articles comportant uniquement des abréviations, le docteur ne doit pas rechercher le prénom et nom complet de l'auteur, mais se contente de rapporter les initiales.

142. Noms de famille. Les noms de famille ne sont jamais abrégés et figurent en lettre majuscule (l'accentuation demeure). Par exemple, François TERRÉ devient en note de bas de page ainsi qu'en bibliographie : TERRÉ (Fr.).

143. Noms avec particules. Le mot de liaison entre le prénom et le nom de l'auteur doit être rejeté derrière le prénom pour les noms français. Il en va ainsi des particules nobiliaires « de » et « d' » qui, en outre, s'écrivent toujours en minuscules. Par exemple, Jean de GRENIER devient en note de bas de page ou en bibliographie GRENIER (J. de). Inversement, les particules « Des », « Du », « L' » et « Le » sont maintenues devant le nom et sont alors écrites en majuscules. Par exemple, Paul LE CANNU devient LE CANNU (P.) et Jean de La Fontaine devient LA FONTAINE (J. de).

c. Abréviation des revues scientifiques

144. Votre travail va vous amener à utiliser avec abondance un certain nombre de revues portant sur un thème commun. Vous comprendrez assez rapidement quelles abréviations employer pour les citer correctement en note de bas de page ou dans votre bibliographie. Parfois, vos recherches vous mèneront sur des sentiers moins balisés et vous inciteront à lire des revues plus confidentielles. Comment les abréger ?

Vous devez savoir qu'il n'y a pas de consensus en la matière. Même les revues les plus connues des milieux juridiques sont abrégées différemment selon les auteurs. Toutefois, un document en accès libre sur Internet fournit une base de travail tout à fait pertinente. Il s'agit de la liste d'abréviations en droit du Syndicat national de l'édition. Ce document à l'avantage d'être presque exhaustif et, surtout, d'indiquer comment citer une revue en fonction de l'année de sa publication, c'est-à-dire en tenant compte des évolutions de la revue et de sa maison d'édition.

CHAPITRE III : APRÈS LA RÉDACTION

145. Une fois la rédaction de votre thèse achevée, plusieurs opérations doivent encore être réalisées. D'abord, un méticuleux travail de relecture **(section 1)**, puis l'ajout d'éléments avant et après le corps du texte **(section II)**, enfin, la préparation à la soutenance **(section III)**.

Section I : Relecture du tapuscrit

146. Méthode. La relecture est un travail souvent fastidieux qu'il est pourtant impératif de faire. Relisez l'intégralité de votre travail de façon linéaire afin de bien vérifier la suite logique de vos développements. Il est également souhaitable d'imprimer ce travail afin d'opérer une relecture plus fine. Stylo en main, reprenez ligne par ligne, oralisez si besoin. Notez qu'il existe de très bons logiciels de relecture et correction dont il serait préjudiciable de se passer[43].

147. Aide de relecteurs. Même avec la meilleure des volontés, la relecture du seul doctorant est insuffisante à détecter l'ensemble des scories et des problèmes de cohérence. Vous devez vous faire assister par au moins deux autres relecteurs, idéalement, un sachant et un profane. Le premier peut être un collègue doctorant qui accepte de vous relire, à charge de revanche. Il s'assure de la pertinence juridique de vos propos. Le second est une personne qui n'a jamais fait de droit. Demandez-lui simplement de relever les fautes qu'il constate, d'indiquer dans la marge toutes les phrases ou les paragraphes qui demeurent obscurs selon lui. Le pire reproche qu'il puisse vous adresser est d'être perdu. Cette remarque soulignerait que votre propos est confus et manque de pédagogie. Ce relecteur profane est donc une excellente sentinelle de la clarté de vos propos. Outre ces deux protagonistes, votre directeur va être amené à relire votre travail. Surtout, ne lui envoyez pas une première ébauche. Dans l'euphorie de la rédaction de vos premières pages, vous pourriez – sans vous en

[43] Ex. : *Antidote.*

apercevoir – lui envoyer un mauvais papier. Ayez en tête que votre directeur n'a pas un temps infini à consacrer à votre travail. Plus son attention sera accaparée par des détails et moins son esprit sera disponible pour analyser le fond de vos propos.

148. Nombre d'impressions à prévoir. Vous devez prévoir l'impression d'une vingtaine d'exemplaires. Outre ceux envoyés aux membres de votre jury et à votre Université, d'autres seront nécessaires pour candidater à des prix de thèse ou à la maîtrise de conférences. Privilégiez une impression recto-verso et choisissez une qualité de papier élevée.

Section II : Éléments antérieurs et postérieurs au corps de la thèse

149. La liste des principales abréviations et le sommaire comptent au nombre des éléments précédant l'introduction de la thèse **(A)**. En outre, après la conclusion, on trouve des éléments aussi essentiels que la bibliographie et la table des matières **(B)**.

A) Avant le corps du texte

150. Première page. La première page de la thèse reprend un certain nombre d'informations, dont l'Université de rattachement du doctorant, le nom de son directeur de thèse et des membres de son jury. La date de la soutenance y figure également. Vous trouverez un exemple de mise en forme de cette page à l'annexe I.

151. Page(s) de garde. Le doctorant peut laisser ici une à deux feuilles blanches.

152. Remerciements. Des remerciements sont généralement adressés aux proches du doctorant et aux personnes dont l'apport scientifique a permis au jeune chercheur d'avancer dans la compréhension de son sujet. Il peut s'agir du directeur de thèse, d'un tuteur de stage, d'un auteur de doctrine…

153. Avertissement. « L'Université n'entend donner aucune approbation ni improbation aux opinions émises dans cette thèse. Ces opinions doivent être considérées comme propres à leur auteur. »

154. Épigraphe. Il s'agit d'une courte citation située en début d'ouvrage et qui en résume l'esprit. Facultative, l'épigraphe est généralement alignée sur la droite de la page et figure en italique.

155. Les principales abréviations. Nous vous présentons en annexe IV un exemple de table des abréviations sous forme de colonne unique. L'usage du terme « principales » vous met à l'abri de devoir constituer une liste exhaustive.

156. Sommaire. Il s'agit d'un abrégé contenant la substance du plan de votre thèse. Contrairement à la table de matière qui est un exposé exhaustif de votre plan, le sommaire ne reprend que les grandes divisions de votre ouvrage (parties, titres et chapitres à l'exclusion des autres subdivisions). Vous trouverez un exemple de présentation du sommaire à l'annexe II.

B) Après le corps du texte

157. Annexes. Les annexes n'ont d'utilité que pour adjoindre des documents que le lecteur ne pourrait se procurer lui-même. Par exemple, un contrat type élaboré par l'étudiant ou encore, une proposition de réforme. Il peut également s'agir de contrats que des entreprises ou des particuliers ont accepté de fournir au doctorant. Ces actes, qui peuvent être un élément central de la démonstration de la thèse, doivent être rapportés en annexe. Dans cette hypothèse, il convient évidemment de demander l'autorisation aux parties. On peut également y trouver des tableaux ou graphiques établis par l'étudiant à partir des documents qu'il a collectés. Les résultats de la compulsation de ces documents seront évidemment directement retranscrits dans le corps de la thèse, mais pour consulter directement les tableaux et graphiques synthétiques, le lecteur pourra se référer aux annexes.

158. Bibliographie. C'est un répertoire de sources sur un sujet donné. Elle doit comprendre la liste exhaustive des références citées dans les notes de bas de page. En outre, elle peut comprendre des références qui n'ont pas été citées dans la thèse. Ces dernières n'apportaient peut-être rien à votre démonstration, mais puisqu'elles concernent votre sujet vous choisissez de les porter à la connaissance de votre lecteur. La bibliographie doit donc comprendre l'ensemble de votre appareillage documentaire ainsi que toutes les références utiles à la compréhension du sujet traité. Une bibliographie complète est un gain de temps formidable pour les chercheurs qui travailleront après vous sur votre thème ou un sujet connexe.

159. Il n'existe pas une forme type de bibliographie. En fait, le plan de la bibliographie résulte du volume et de la nature des références que vous devrez classer. Certains sujets éminemment jurisprudentiels imposent de traiter les décisions de justice de façon plus fine qu'un simple classement chronologique. Un sujet de droit comparé aura souvent deux entrées pour chaque item. Par exemple, les ouvrages généraux seront subdivisés en ouvrages francophones et anglophones. La bibliographie doit refléter la matière que vous avez traitée. Aussi, la classique distinction entre ouvrages généraux et spéciaux, puis articles et chronique peut être facilement délaissée au profit d'un plan plus spécifique. Un bon moyen de vous familiariser avec les plans de bibliographie est d'observer systématiquement celui des thèses que vous consultez. Voyez comment l'auteur a rendu compte de son appareillage scientifique pour vous en inspirer.

160. Index. C'est la table alphabétique des mots-clefs de l'ouvrage. L'index est d'une grande utilité pour tous les lecteurs qui viennent chercher un élément précis dans votre thèse. Votre démonstration ne les intéresse pas nécessairement. Ils peuvent simplement vouloir lire votre commentaire d'une théorie juridique qui les intéresse en particulier. Hors de question dans ces conditions pour eux de se lancer dans une lecture au petit bonheur la chance de votre ouvrage espérant tomber sur l'élément qu'ils recherchent. L'index est l'ancêtre de la recherche informatique par mot-clef. L'auteur établit un thésaurus qu'il pense utile au lectorat le plus large.

Il n'y a qu'une seule solution pour établir un index complet. Il faut lire l'intégralité de votre thèse de façon linéaire et, à chaque paragraphe lu, noter dans l'index un ou deux mots clefs. Un exemple de mise en forme de l'index figure en annexe III de l'ouvrage.

161. Table des matières. La table des matières reprend l'intégralité des titres et subdivisions de l'ouvrage accompagnés de leur pagination. La réalisation de cette table intervient à la fin de votre travail de rédaction, lorsque la pagination est fixée. Les logiciels de traitement de texte disposent de tables des matières types. Pour utiliser cette option, vous devez assigner à chacune de vos subdivisions une forme à partir de l'onglet « style » (titre 1, titre 2, etc.). À la fin, lorsque vous commanderez l'insertion d'une table automatique, le logiciel reprendra les styles dans l'ordre et en indiquant chaque fois leur pagination.

Section III : La soutenance

162. La soutenance marque la fin du doctorat ou du mémoire de recherche **(B)**. Elle est parfois précédée d'une présoutenance dans l'Université de rattachement du doctorant **(A)**.

A) La présoutenance

163. Nature de l'épreuve. Certaines universités imposent aux doctorants la tenue d'une présoutenance de leur thèse avant la fin de leur troisième année. Ce galop d'essai permet de déterminer si le doctorant est sur la bonne voie. Il réunit en général deux ou trois professeurs qui siégeront également dans votre jury de soutenance. Le doctorant y présente une partie complètement rédigée (la première ou la seconde).

164. Le panel du jury. La présoutenance impose de se pencher sur la détermination des membres du jury. Cette dernière relève d'une cuisine interne entre le directeur de thèse et son doctorant. Généralement, le directeur avance quelques noms de collègues qui pourraient être intéressés par le sujet et surtout, disponibles à la date projetée de la soutenance. De son côté, le doctorant souhaite généralement faire participer à son jury une référence dans son domaine.

Le plus souvent, le jury est essentiellement sinon exclusivement composé de professeurs des Universités. Pourtant, il pourrait être sage d'y adjoindre les lumières d'un professionnel non universitaire, mais dont les compétences reconnues dans le domaine étudié pourraient enrichir les débats oraux.

165. Envoi de la thèse aux rapporteurs. Les deux rapporteurs de votre thèse sont nécessairement des professeurs extérieurs à l'établissement de soutenance. Ils lisent la thèse et établissent chacun un rapport dans lequel ils indiquent s'ils sont favorables ou non à la soutenance de la thèse. Dans l'affirmative, ils font un compte-rendu de leur lecture en faisant valoir les éléments positifs et négatifs. Le doctorant doit profiter de ce document pour préparer ses réponses. Les critiques formulées dans le rapport le seront généralement le jour de la soutenance. Il est donc possible de préparer et d'affûter ses arguments.

B) La soutenance

166. Objectif de la soutenance. La soutenance est une épreuve orale d'approche délicate pour le doctorant plus coutumier du style écrit et des débats doctrinaux par articles interposés. Cette fois, il va se retrouver face à ses pairs devant lesquels il devra faire montre d'érudition et d'éloquence.

Que l'on ne s'y trompe pas, il ne s'agit en aucun cas d'imposer à l'auditoire un fastidieux résumé de la thèse. Il va davantage être question d'évoquer la construction de la thèse, c'est-à-dire ce qui n'apparaît pas dans le corps de l'étude. Le jeune chercheur doit alors dévoiler ses secrets de fabrication. C'est, pour le dire un peu vite, faire le « *making of* » de son travail.

Vous devez notamment insister sur l'originalité de votre recherche et les raisons du choix d'un tel sujet. Les difficultés de recherches rencontrées et les solutions proposées devront être expliquées. Les principales conclusions seront succinctement présentées. Enfin, l'apport de cette recherche, les questions en suspens et celles qui devront être creusées par d'autres après vous seront exposés.

167. Réunion des membres du jury. Les professeurs se réunissent à huis clos dans le bureau du directeur de thèse. Là, ils échangent quelques mondanités, donnent quelques nouvelles de leurs laboratoires respectifs et en viennent à parler du travail de l'étudiant. Le directeur présente rapidement son poulain et parle de la qualité de sa collaboration avec lui. Chacun émet alors un avis sur le travail en général, en indique les points positifs et les fragilités. Ce premier tour de table permet déjà d'harmoniser la vision qu'a le jury de l'étudiant. Enfin, les professeurs élisent parmi eux le président du jury avant de revêtir leur robe et de s'acheminer vers la salle de soutenance où les attend l'impétrant.

168. Propos introductifs du président du jury et du directeur de thèse. Le président du jury fraîchement désigné par ses pairs prend la parole pour rappeler la raison de la réunion de ce cénacle, puis il présente un par un les membres du jury. Ensuite, il cède la parole au directeur de thèse. Ce dernier dresse le portrait de son étudiant et indique en quels termes ils ont travaillé ensemble. Après ces quelques phrases de circonstance, il redonne la parole au président qui demande alors à l'étudiant de faire une présentation de son travail.

169. Intervention du doctorant. L'intervention dure en général entre dix et vingt minutes. Il n'y a pas de canon formel imposé en la matière, mais on peut relever quelques points incontournables. Le doctorant remercie son directeur de thèse, les membres du jury présents et les personnes qui ont joué un rôle particulier dans l'élaboration de son travail. Il peut s'agir de collègues, notamment lorsque l'étudiant a travaillé en CIFRE au sein d'une entreprise. Le doctorant peut aussi témoigner sa gratitude aux condisciples de son laboratoire universitaire. On pense également au rapporteur d'un projet de réforme, à un professeur en pointe sur un sujet ou à une université étrangère qui aurait accueilli le doctorant pendant un séjour de recherche, etc. Enfin, si le doctorant a bénéficié de subsides pendant ses études, il est de bon aloi de remercier l'université qui a financé ses recherches, les organismes dispensateurs de bourses ou l'entreprise qui l'aurait embauché.

170. Présentation succincte du sujet. Le doctorant rappelle les raisons qui l'ont porté à choisir ce thème. Quel fut l'élément déclencheur à l'origine de ce choix ? Pourquoi ce thème l'intéresse particulièrement ? C'est alors l'occasion d'indiquer la pertinence de ses recherches. Le doctorant présente succinctement son sujet. Attention, il ne s'agit surtout pas de faire le résumé d'un travail que les membres du jury auront lu peu de temps avant. Tomber dans un résumé exhaustif fait courir le risque d'ennuyer le jury. Il faut donc montrer l'intérêt du sujet et en donner un exemple permettant d'en apprécier les contours ainsi que ses implications pratiques ou théoriques.

171. Contenu de l'intervention. Au terme de la définition du sujet, l'étudiant décline sa problématique. La *summa divisio* proposée permet d'appréhender toutes les facettes du sujet dans un cadre logique. Contrairement à ce que l'on pourrait croire, le point suivant ne consiste pas à annoncer la table des matières. L'étudiant doit indiquer sa méthodologie de recherche et dévoiler l'armature invisible de sa thèse.

Comment et où a-t-il travaillé ? D'où proviennent les sources rares, inattendues ou essentielles à son sujet ? Quelles ressources matérielles et humaines a-t-il dû solliciter ? Chaque thèse est unique et comporte des obstacles particuliers que l'étudiant a pu surmonter ou dont il a su s'accommoder. Par exemple, la gestion d'une réforme législative majeure intervenue au milieu de son travail de recherche ; l'approche comparatiste d'un sujet impliquant de s'intéresser à des droits étrangers ; l'appréhension d'un sujet comportant peu de travaux doctrinaux ou alors un sujet essentiellement jurisprudentiel ; dans un sujet d'actualité, une proposition de réforme ou une proposition de contrat type, etc.

172. Conclusion. L'étudiant conclut enfin rapidement et ouvre son sujet vers de nouveaux horizons de recherche. Par là même, il montre l'humilité de sa contribution à la doctrine. La réalisation de la thèse l'a formé au travail de chercheur et, fort de cette expérience, il lui tarde d'appréhender de nouveaux sujets de réflexion. Il remercie enfin le jury pour son attention. Cette dernière phrase permet au jury d'être certain que l'étudiant a bien terminé son exposé.

173. Disputation avec les membres du jury. Le président invite chacun des membres du jury à faire part de ses remarques au doctorant. Ces interventions peuvent être plus ou moins longues et plus ou moins élogieuses, parfois amères. Peu importe, le doctorant doit demeurer stoïque. Quel que soit l'intervenant, les remarques porteront successivement sur la forme puis sur le fond.

174. Remarques sur la forme. Ces dernières peuvent être évitées par le doctorant lors de la rédaction de sa thèse. Les coquilles, les imprécisions, les oublis de bibliographie pertinente, des raisonnements spécieux, des omissions inexcusables sont autant de petites fautes que le doctorant attentif peut aisément éviter lors de la rédaction puis la relecture de sa thèse. Ces remarques peuvent paraître anodines, mais mises bout à bout, elles peuvent donner une impression générale de travail inachevé, sinon bâclé. Le doctorant sera bien en peine de répondre à ces critiques formelles. Comment en effet justifier une myriade de fautes de frappe ou l'oubli d'un ouvrage incontournable passé entre les mailles des filets du chercheur ?

175. Remarques sur le fond. Les critiques de fond sont les plus intéressantes. Le doctorant est testé sur sa capacité à défendre ses idées par un raisonnement logique. La pique envoyée par un professeur est parfois une invitation à entrer en lice. Le doctorant doit alors relever le gant. Pensez à ne répondre que quand on vous y invite. Généralement, les professeurs préparent leur intervention et il est mal venu de leur couper la parole en leur répondant du tac au tac.

176. Rapport du président de jury. Le président du jury établit un rapport complet en tenant compte des échanges ayant eu lieu pendant la soutenance. Ce rapport est important, car il fait partie des documents à fournir pour la qualification à la maîtrise de conférences.

Points importants :

1. L'étudiant ne doit pas prendre la parole de façon intempestive. Il ne parle ou répond aux questions qu'après y avoir été invité.

2. La soutenance est une forme de rite initiatique. Cet examen de passage doit donner lieu à une docte discussion. La pertinence des arguments du doctorant est autant appréciée que son éloquence. Pour le dire autrement, la façon de formuler la réponse compte autant que l'idée exposée. S'agissant avant tout d'une science humaine, il n'y a pas dans l'absolu de vrai ou de faux, mais seulement des raisonnements plus ou moins bien étayés. Il ne faut pas répondre à brûle-pourpoint, mais au contraire construire une réponse argumentée.

3. Après plusieurs années de travail, il est normal que l'étudiant soit attaché aux idées qu'il défend dans sa thèse. Toutefois, cet enthousiasme ne doit pas dégénérer en agressivité ou en agacement face aux questions du jury. Ainsi, le futur docteur l'étudiant tâchera de répondre avec la plus grande courtoisie et la plus grande rigueur.

4. Il faut se rendre dans la salle de la soutenance en avance afin d'installer au mieux les tables et y disposer des bouteilles d'eau à destination des membres du jury. Vous devez déléguer l'organisation du cocktail post-soutenance à votre famille ou à des proches afin d'être complètement concentré sur votre performance.

ANNEXES

Annexe I (page de présentation)

UNIVERSITÉ DU DOCTORANT

ÉCOLE DOCTORALE DE RATTACHEMENT

THÈSE

Pour l'obtention du titre de

DOCTEUR EN DROIT

Présentée et soutenue publiquement le ... par

Prénom NOM

LE TITRE EST ÉCRIT EN MAJUSCULE

JURY

Directeur de thèse :

Monsieur Prénom NOM
Professeur à l'Université ...

Membres du jury :

Monsieur Prénom NOM
Professeur à l'Université ...

Madame Prénom NOM
Professeur, à l'Universite ... (rapporteur)

Monsieur Prénom NOM
Professeur à l'Université ...

Madame Prénom NOM
Professeur à l'Université ... (rapporteur)

Annexe II (sommaire)

PREMIÈRE PARTIE :

NOM DE LA PREMIÈRE PARTIE EN MAJUSCULES

TITRE I : NOM DU TITRE EN MAJUSCULES

Chapitre I : Nom du chapitre en minuscules

Chapitre II : Nom du chapitre en minuscules

TITRE II : NOM DU TITRE EN MAJUSCULES

Chapitre I : Nom du chapitre en minuscules

Chapitre II : Nom du chapitre en minuscules

SECONDE PARTIE :

NOM DE LA SECONDE PARTIE EN MAJUSCULES

TITRE I : NOM DU TITRE EN MAJUSCULES

Chapitre I : Nom du chapitre en minuscules

Chapitre II : Nom du chapitre en minuscules

TITRE II : NOM DU TITRE EN MAJUSCULES

Chapitre I : Nom du chapitre en minuscules

Chapitre II : Nom du chapitre en minuscules

Annexe III (index)

INDEX ALPHABÉTIQUE

(Les chiffres renvoient
aux numéros des paragraphes)

Principales Abréviations

act. : actualité

AFDI : Annuaire français de droit international

aff. : affaire

AFRI : Annuaire français de relations internationales

AJDA : Actualité juridique droit admini-stratif

AJ Pénal : Actualité juridique Pénal

alii : et (les) autres

al. : alinéa

ann. : annales

Arch. phil. dr. : Archives de philosophie du droit

art. : article

art. préc. : article précité (ou contribution à un ouvrage collectif).

Ass. nat. : Assemblée nationale

avr. : avril

Banque : Revue Banque

BDEI : Bulletin du droit de l'environnement industriel

Bull. : Bulletin

BIBLIOGRAPHIE INDICATIVE

BARIL (D.), *Techniques de l'expression écrite et orale*, 11e éd., Sirey, 2008.

BARRAUD (B.), *La recherche juridique. Sciences et pensées du droit*, éd. L'Harmattan, 2016.

CAPITANT (H.), *La thèse de doctorat en droit*, 4e éd., Dalloz, 1951.

CFC, *Charte pour le respect de la propriété intellectuelle dans les universités. Un livret pour comprendre et appliquer la législation en matière de photocopie*, [en ligne] (dernière consultation le 29 déc. 2014) http://daji.univ-amu.fr/sites/daji.univ-amu.fr-/files/Charte%20relative%20au%20droit%20de%20copie.pdf.

CLÉMENT (J.-P.), *Dictionnaire typographique ou petit guide du tapeur à l'usage de ceux qui tapent, saisissent ou composent textes, thèses ou mémoires à l'aide d'un micro-ordinateur*, éd. ellipses, 2005.

Commission européenne, *Recommandation du 11 mars 2005 concernant la charte européenne du chercheur et un code de conduite pour le recrutement des chercheurs*, 2005/251/CE, *JOUE*, 22 mars 2005, L. 75/67.

CORTÈS (Th.), « Une incursion dans les sous-sols des textes juridiques. À propos des notes en bas de page », *JCP E* 2013, doctr. 896.

COTTIN (S.), *La gestion de la documentation juridique*, LGDJ, 2011.

DREYFUS (S.) et NICOLAS-VULLIERME (L.), *La thèse de doctorat et le mémoire. Étude méthodologique (Sciences politiques et juridiques)*, 3e éd., Éd. Cujas, 2000.

DESSAUT (Chr.) et THILLOU (C.) (dir.), *Constitution de références bibliographiques : livret de prescriptions techniques*, étude du Ministère de la culture, sous-direction des études, de la documentation et de l'inventaire. Bureau de l'organisation, de la diffusion et de l'informatique documentaire, sept. 2011.

FRUCTUS (I.), *Méthodologie de la recherche documentaire juridique*, 2e éd., Larcier, 2015.

GASSIN (R.), « Une méthodologie de la thèse de doctorat en droit », *RRJ* 1996-4, p. 1167.

GEERKENS (É.), DELNOY (P.) et BRUYÈRE (A.), *Méthodologie juridique. Méthodologie de la recherche documentaire juridique*, éd. Larcier, 2008.

JAILLARDON (É.) et ROUSSILLON (D.), *Outils pour la recherche juridique. Méthodologie de la thèse de doctorat et du mémoire de master en droit*, éd. des archives contemporaines/Agence universitaire de la Francophonie, 2008.

Lexique des règles typographiques en usage à l'imprimerie nationale, 6e éd., Imprimerie nationale, 2014.

MAINGUY (D.), « La soutenance de thèse », *in Mélanges CALAIS-AULOY (J.)*, Dalloz, 2003, p. 651.

MATHIEU (G.), « Problèmes et méthodologie du plan », *RRJ* 1996-4, p. 1201.

MATHIEU-IZORCHE (M.-L.), « Propos pour un doctorant », *D.* 2002, p. 1683.

Ministère de l'Éducation nationale et ministère de la Recherche (dir.), *Guide pour la rédaction et la présentation des thèses. À l'usage des doctorants*, 2007, [en ligne] http://www.sciences-sociales.univ-paris8.fr/IMG/pdf/Guide_redaction_these.pdf.

MORET-BAILLY (J.), « Plagiat et déontologie académique », *in* GUGLIELMI (G. J.) et KOUBI (G.) (dir.), *Le plagiat de la recherche scientifique*, LGDJ, 2012, p. 21.

ROMELAER (P.) et KALIKA (M.), *Comment réussir sa thèse ? La conduite du projet de doctorat*, éd. DUNOD, 2007.

ROMI (R.), *Méthodologie de la recherche en droit. Master et doctorat*, 2e éd., Litec, 2011.

ROUVEYRAN (J.-Cl.), *Le guide de la thèse, le guide du mémoire : du projet à la soutenance*, éd. Maisonneuve & Larose, 2001.

THEUX (A. de) et KOVALOVSZKY (I.), *Précis de méthodologie juridique. Les sources documentaires du droit*, éd. Publications des Facultés universitaires Saint-Louis, 1995.

TABLE DES MATIÈRES

Éducation et Formation aux éditions L'Harmattan

Dernières parutions

ENSEIGNER LA SHOAH ET LES QUESTIONS SOCIALEMENT VIVES
Risques et défis
Paroles de professeurs de collège et de lycée
Drahi Patricia
Lorsque l'histoire du génocide des Juifs d'Europe est mentionnée pour la première fois dans les programmes scolaires en 1988, cet enseignement semble faire l'objet d'un consensus. Il doit contribuer à toutes les formes d'intolérance et de racisme. Or, au tournant des années 2000, des témoignages de professeurs exerçant dans des quartiers populaires signalent le surgissement de difficultés vives pendant leurs cours. Cet ouvrage exploite les résultats d'une enquête menée auprès de professeurs de collège et de lycée exerçant dans des terrains sociologiquement diversifiés. Comment continuer à faire classe lorsqu'une question socialement vive est abordée ?
(Coll. Logiques sociales, 26.50 euros, 254 p.)
ISBN : 978-2-343-11551-1, ISBN EBOOK : 978-2-14-003381-0

CONCEVOIR DES ESPACES SCOLAIRES POUR LE BIEN-ÊTRE ET LA RÉUSSITE
Mazalto Maurice - Préface d'Eric Piolle (maire de Grenoble)
Concevoir des espaces scolaires concrétise des intentions éducatives qui agissent sur le vécu des utilisateurs, notamment sur le bien-être, vecteur essentiel de réussite. À partir des fonctions assignées à l'école, l'ouvrage propose de regarder avec attention différents lieux et espaces. Cette démarche étudie de nombreux pôles stratégiques, souligne des installations efficaces, propose d'améliorer certaines réponses architecturales pour générer davantage de bien-être et donc de réussite pour l'ensemble des acteurs.
(25.00 euros, 194 p.)
ISBN : 978-2-343-11447-7, ISBN EBOOK : 978-2-14-003432-9

ÉDUCATION POPULAIRE ET PROTECTION DE L'ENFANCE
Une transition éducative pour un Sénégal renaissant
Ndene Pascal
Comment l'éducation populaire et la protection de l'enfance peuvent-elles devenir des piliers d'un Sénégal renaissant ? Faisant d'abord référence à l'approche éducative du président Senghor, l'étude aborde l'éducation populaire

et la protection de l'enfance à travers leur évolution historique et leurs pratiques contemporaines au Sénégal et dans des pays expérimentés en la matière. Ce diagnostic aboutit à des propositions pour une transition éducative, condition essentielle pour un Sénégal renaissant.
(Harmattan Sénégal, 23.50 euros, 226 p.)
ISBN : 978-2-343-11454-5, ISBN EBOOK : 978-2-14-003576-0

JACKY BEILLEROT ET LES SCIENCES DE L'ÉDUCATION
Textes rassemblés par Nicole Mosconi
Cet ouvrage posthume rassemble des textes de Jacky Beillerot sur les sciences de l'éducation comme discipline universitaire, sur la recherche en éducation et sur la pédagogie. Ses textes témoignent de l'importance de son action dans la communauté des sciences de l'éducation. Ils ouvrent de nombreuses pistes de réflexion sur les sciences de l'éducation et la recherche. Ils sont publiés dans la collection fondée par Jacky Beillerot.
(Coll. Savoir et formation, 21.50 euros, 212 p.)
ISBN : 978-2-343-11865-9, ISBN EBOOK : 978-2-14-003503-6

ENSEIGNEMENT MORAL ET CIVIQUE
Le défi toujours renouvelé de l'école
Lalanne Anne
Une authentique éducation morale et civique digne de ce nom pour tous les enfants de la nation constitue un réel enjeu de société. Les écoliers actuels sont la France de demain. Le programme d'enseignement moral et civique fait partie des programmes scolaires. Pourtant, sa mise en œuvre s'avère délicate, car il s'agit d'une transdisciplinarité aux exigences particulières. Mais quelles valeurs ? Quelle morale ? Quelle citoyenneté ? Et comment comprendre les mots : respect, laïcité, principe, valeur, liberté ?
(21.50 euros, 202 p.)
ISBN : 978-2-343-11572-6, ISBN EBOOK : 978-2-14-003420-6

LE TRAITEMENT DES ERREURS EN SITUATION CONTEXTUALISÉE
Approches didactique, pédagogique et en formation professionnelle
François Karine – Préface de Muriel Frisch
Les erreurs des élèves, en situation contextualisée de classe, sont perçues superficiellement par les enseignants stagiaires. Observation et entretiens ont révélé des difficultés à conceptualiser et à traiter les erreurs des élèves. Il est proposé, à partir de ces constats, d'engager une réflexion pour développer, lors de la formation, l'apprentissage expérientiel. L'erreur est objet d'apprentissage pour les enseignants stagiaires accompagnés par les formateurs.
(Coll. ID/Emergences, cheminements et constructions de savoirs, 25.50 euros, 224 p.)
ISBN : 978-2-343-11719-5, ISBN EBOOK : 978-2-14-003554-8

L'ÉDUCATION COMPARÉE, ENTRE MESURE ET CULTURE, ENTRE GLOBAL ET LOCAL
Regnault Élisabeth
Que peut apporter l'éducation comparée et comment s'inspirer de ce qui se fait ailleurs en matière éducative pour améliorer notre propre système éducatif ? Ce

travail s'intéresse à deux types d'approches : l'approche pragmatique et l'approche compréhensive. La première fonde les enquêtes internationales de rendement des systèmes éducatifs dont les résultats sont connus (PISA, PIRLS), mais l'approche compréhensive est beaucoup moins populaire. Passer du global au local en étudiant l'influence de PISA sur les pratiques enseignantes permet de dépasser la tension entre ces deux approches.
(Coll. Éducation comparée, 19.00 euros, 180 p.)
ISBN : 978-2-343-11424-8, ISBN EBOOK : 978-2-14-003434-3

L'ÉDUCATION, ENTRE PRÉSENCE ET MÉDIATION
Hétier Renaud - Préface de Michel Fabre
Cet ouvrage propose une réflexion sur l'éducation et ses conditions. À l'heure où le développement numérique promet des formes d'autonomisation des élèves dans leurs apprentissages, la question se pose de ce qui fait le prix d'une présence éducative. Car ce qui importe, c'est l'articulation irremplaçable entre une présence et des médiations. Il s'agira donc d'abord de mettre en perspective l'idéal d'une autonomisation précoce et de maintenir l'idée d'une présence nécessaire (notamment dans la pédagogie).
(Coll. Pédagogie : crises, mémoires, repères, 16.50 euros, 154 p.)
ISBN : 978-2-343-11409-5, ISBN EBOOK : 978-2-14-003138-0

LE PROJET : LES PRATIQUES EN IUT
Coordonné par Stéphanie Mailles-Viard Metz, Maud Lê Hung, Chrysta Pélissier et Sophie Kennel
La notion de projet a transformé les pratiques d'enseignement, d'accompagnement et de pilotage des acteurs des IUT, depuis leur création en 1966. Cet ouvrage témoigne, par des récits d'expérience, de ces multiples actions déjà réalisées et propose de nouvelles orientations susceptibles de faire émerger, dans les années qui arrivent, de nouveaux projets au sein du réseau IUT. Une quarantaine d'auteurs, d'enseignants et d'enseignants-chercheurs, ont participé à la rédaction de ce document.
(Coll. Unidivercité, 21.50 euros, 212 p.)
ISBN : 978-2-343-10803-2, ISBN EBOOK : 978-2-14-003153-3

DE LA RELATION EN ÉDUCATION
Pédagogie, éthique, politique
Mutuale Augustin - Présentation de Guy Berger
Cet ouvrage, fruit d'un travail d'investigation de la philosophie de l'éducation, aborde plus particulièrement la question de la relation dans les débats éducatifs, éthiques et politiques. Il tend à rendre compte de la contribution de la relation dans l'élaboration du sens des processus et des structures d'humanisation. Son interpellation éthique examine la relation sous l'angle d'une rencontre qui réinterroge et refonde la question épistémologique. De même, son angle politique choisit de s'inscrire résolument dans une promesse de célébration intelligente et heureuse de la dignité humaine dans un monde commun.
(Téraèdre, Coll. Autobiographie et éducation, 28.00 euros, 278 p.)
ISBN : 978-2-36085-081-5, ISBN EBOOK : 978-2-14-003294-3

LA GESTION AXÉE SUR LES RÉSULTATS EN ÉDUCATION
Les écoles secondaires en milieux défavorisés sur l'île de Montréal à l'épreuve de son implantation
Sané Mamadou Vieux Lamine
La gestion axée sur les résultats (GAR) représente un changement majeur pour les gouvernements et acteurs scolaires qui, en plus de devoir relever le défi de mettre tous les enfants à l'école, doivent garantir leur réussite éducative et scolaire. La problématique de la réussite éducative et scolaire des jeunes est préoccupante dans les milieux économiquement défavorisés. C'est le cas des écoles secondaires situées sur l'île de Montréal. Ce livre s'intéresse à la mise en œuvre de la GAR après son introduction par la loi 88 en 2008 à l'ordre d'enseignement secondaire au Québec.
(20.00 euros, 196 p.)
ISBN : 978-2-343-11622-8, ISBN EBOOK : 978-2-14-003248-6

ENTRER EN RECHERCHE
Essai sur l'apprentissage de l'esprit de recherche
Bernard Michel – Préface de Jean-Marie de Ketele – Postface de Teresa Yuren
Entrer en recherche, c'est questionner, construire une problématique, une méthodologie, explorer un domaine, recueillir des données, les interpréter. C'est aussi s'autoriser à recueillir le doute, l'imprévu, être attentif à ce qui n'était pas envisagé, interroger ce qui est produit et être disponible pour le débat. Il faut sans cesse développer une pensée critique et créatrice. C'est un apprentissage en éthique, en valeurs, en regard, en écoute pour toute sa vie.
(16.50 euros, 152 p.)
ISBN : 978-2-343-11465-1, ISBN EBOOK : 978-2-14-003308-7

GENRE ET ÉDUCATION DES FILLES
Des clartés de tout
Mosconi Nicole - Préface d'Alain Vergnioux
Comment expliquer le retard et les inégalités dans l'instruction et la scolarisation des filles par rapport à celles des garçons ? Cet ouvrage met en évidence les croyances et les préjugés dans lesquels ceux-ci sont enracinés et il interroge le caractère normal et naturel de ces privilèges accordés aux garçons. Par une approche à la fois historique et philosophique, il analyse les «théorisations» qui sont censées les légitimer. Mais la mise en perspective historique montre aussi que les conceptions de l'éducation des filles ne vont pas sans susciter des paradoxes et des conflits.
(Coll. Pédagogie : crises, mémoires, repères, 22.50 euros, 210 p.)
ISBN : 978-2-343-11109-4, ISBN EBOOK : 978-2-14-003005-5

L'HARMATTAN ITALIA
Via Degli Artisti 15; 10124 Torino
harmattan.italia@gmail.com

L'HARMATTAN HONGRIE
Könyvesbolt ; Kossuth L. u. 14-16
1053 Budapest

L'HARMATTAN KINSHASA
185, avenue Nyangwe
Commune de Lingwala
Kinshasa, R.D. Congo
(00243) 998697603 ou (00243) 999229662

L'HARMATTAN CONGO
67, av. E. P. Lumumba
Bât. – Congo Pharmacie (Bib. Nat.)
BP2874 Brazzaville
harmattan.congo@yahoo.fr

L'HARMATTAN GUINÉE
Almamya Rue KA 028, en face
du restaurant Le Cèdre
OKB agency BP 3470 Conakry
(00224) 657 20 85 08 / 664 28 91 96
harmattanguinee@yahoo.fr

L'HARMATTAN MALI
Rue 73, Porte 536, Niamakoro,
Cité Unicef, Bamako
Tél. 00 (223) 20205724 / +(223) 76378082
poudiougopaul@yahoo.fr
pp.harmattan@gmail.com

L'HARMATTAN CAMEROUN
TSINGA/FECAFOOT
BP 11486 Yaoundé
699198028/675441949
harmattancam@yahoo.com

L'HARMATTAN CÔTE D'IVOIRE
Résidence Karl / cité des arts
Abidjan-Cocody 03 BP 1588 Abidjan 03
(00225) 05 77 87 31
etien_nda@yahoo.fr

L'HARMATTAN BURKINA
Penou Achille Some
Ouagadougou
(+226) 70 26 88 27

L'HARMATTAN SÉNÉGAL
10 VDN en face Mermoz, après le pont de Fann
BP 45034 Dakar Fann
33 825 98 58 / 33 860 9858
senharmattan@gmail.com / senlibraire@gmail.com
www.harmattansenegal.com

www.ingramcontent.com/pod-product-compliance
Lightning Source LLC
LaVergne TN
LVHW021238061026
849535LV00008B/3109
* 9 7 8 2 3 4 3 1 2 6 8 2 1 *